九歌小教室 4

對字多一點感覺！

黃秋芳——著

目錄

卷三 我們一起來唱歌：文字的浪漫

卷四

我們一起來玩字：文字的力量

名家推薦

重現對漢字的感覺

林文寶

傳統社會倉頡造字，而「天雨粟，鬼夜哭。」（《淮南子・本經訓》），這是從口傳到文字書寫的劃時代。於是，人類有了歷史與記憶。

漢字有形、有義、有音。

就形而言：有甲骨文、金文、篆文、草書、行書、隸書與楷書。

就義而言：有本意、引申義與假借義。

就標音的方法：有譬若、讀若、直言、反切、注音符號與漢語拼音。

還有，造字法則的六書，以及部首與部件。

總之，漢字是個千變萬化的世界。

然而，當電子媒體來臨，我們擠進後現代的叢林，於是乎混搭、假裝當道。所謂有創意的淺文化包裝，缺乏對漢字的想像與感覺。

且讓我們重回生活中的漢字。就從對漢字多一點感覺開始。

總序 讀書、寫字，很幸福！

黃秋芳

讀書、寫字，本來是一件最沒有負擔的幸福。學會認字，是我們脫離「幼稚」，長出一點點「智慧」的轉折關鍵，當我們還很小很小的時候，常為了認出一個字，聯近想遠，無限延續，跟著這些飛躍的片段，開心好半天！沒想到，隨著字越認越多，書越讀越厚，那種單純又豐富的「發現的快樂」，壓縮在各種考試、評比的壓力底下，慢慢都凋萎了。

究竟，我們要如何在成長的旅程中，撿回讀書、寫字的快樂呢？

法國學者兼暢銷書作家丹尼爾・貝納（Daniel Pennac），找到一個簡單又有趣的方法。他說：「閱讀就像談一場戀愛！戀人不會對愛情疲憊，也不可能找不到時間。」

「對字，多一點感覺！」這個書系，就像一場又一場「和字談戀愛」的過程。以「認識一個字的形音義」做起點，深入觀察，停格感覺，自由聯想，透過一本又一本不同切入點的「字書」，有時候，想像一個字的身世故事；有時候，從真實的字裡虛構出擬人的悲歡憂喜；有時候又延伸成歷史的理解、小說的聚焦、大自然的體悟，甚至是文化的薰陶、生命態度的實踐……，從小小的字出發，用心領略，聯繫到更寬闊的世界。

這就是為什麼，我們可以發現，在長期使用「簡體字」做為書寫工具的地區，只要浸泡在中文系的薰陶裡，就能辨認出古書裡的每一個字。因為，靜靜去感受字裡沒有說出來的千言萬語時，許許多多人文的情韻、溫厚的思索，都將一點一滴，滲入我們的生活。

就是要先「愛上了」，我們才有機會，一輩子擁抱著熱情，隨時隨地，快樂地讀書、寫字。

自序

說「文」識「字」真有趣！

認真去看每一個字，像一張又一張有趣又有意思的臉，帶著特別的表情，讓人領略出很多平常想像不到的感情和趣味。

看看「文」這個字，古人寫成，這樣一路交錯編織下去，不就是最美麗的花邊裝飾嗎？

如果我們在白布上，用不同的色線，繡出這些漂亮的交錯裝飾，是不是可以在平凡的生活中，增加一點點新鮮有趣的心情？就像我們一抓到筆，就想要畫畫一樣，古人在平凡的生活中，想要有點變化，想要把心情表現出來的最簡單方法，就是刻出一些有變化的紋路做為裝飾，這就是「文」這個字，最初被創造出來的原因。

後來，人們的生活越來越豐富，裝飾的地方也越來越多，「文」這個字，進化成各種各樣「變身後的神奇寶貝」。那些美麗的線，叫做「紋」；裝飾得很精緻的玉，就是「玟」；天空中的雲氣盤旋得特別璀璨時，就變成「雯」；至於不算美麗的「蚊」，有沒有發現，牠那細細的身形，以及身上會叮人的細針，多麼像我們在描摹彩紋的細線呢！

「文」啊！本來只是為了變化和裝飾的線條，到了後來，大家都發現，透過不同的線條，好像可以替自己把心情表達出來。這些表示心情的圖畫，越畫越多，人們必須學會，組合出更多不同的線條和符號，展露更精確的心情和想法，「字」就誕生了。

「字」這個字，用「宀」這個屋頂，代表安定的生活；屋頂底下，有小朋友出生了。，它的本義就是「生孩子」。

沒想到吧？這就是認識字、對字多一點感覺以後，帶給我們的新鮮樂趣。想像一下，在很久很久以前，到處都充滿洪水、猛獸、狂風暴雨鳴雷閃電……這些想像不到的危險，終於有機會，安定在一個屋頂底下，大家可以幸福快樂地永遠在一起，多麼像童話故事啊！不但王子和公主從此過著幸福快樂的日子，而且，一個又一個天真可愛的小王子和小公主跟著出生，大家都可以在安定的環境裡出生、長大。

當孩子們跑來跑去時，為了區別，最簡單的方法是，我們可以為孩子們編號，「孩子一」、「孩子二」、「孩子三」……。隨著孩子越來越多，整個部落的孩子們交錯玩在一起時，這種簡單的區別，反而會越來越複雜，從十一、十二、十三……，到九十九、一百、一百零一……，孩子們的編號越來越多，越來越不容易記得。

這時，我們就得學會為孩子們取一個獨特的名字，各自代表一個人，在認識不同的孩子時，藉著不同的名字，延伸出不同的記憶和聯想。看起來比較複雜的方法，反而變簡單。孩子們出生後，有了名字，而後，一個一個不同名字的孩子，在現實生活中不停地摸索，不斷學會更多更新的事情。

我們肚子裡的想法，也像這些小Baby一樣，在我們的小心照顧下，一個一個接生出來。「字」就這樣生養、分化，展現了生生不息的力量，在摸索、撞擊中，不斷滋生出越來越多的變化，所以，打開字典，會看到古代的「字博士」這樣解說「字」的意思：「字者，孳也，相生無窮，體卦畫，摹鳥跡，引伸觸類，文字之形始立。」

簡單地說，就是我們模仿動植物的樣子、大自然的形象，畫出一個字又一個字，越畫越多，當然也越畫越複雜，到最後，不得不把這些「圖的描繪」，簡化成「簡單的筆畫」，從「文」這種美麗的裝飾，衍生出越來越多的「字」。

瞧！光認識「文」和「字」，就很有趣了，世界上還有無邊無涯值得我們去感受的字呢！

有沒有察覺，對字，多一點感覺，世界就多了更多閒情和趣味？翻開《對字，多一點感覺！》這本書，讀幾頁，認幾個字，再停下來，讓自己的感覺自由地走走停停，我們會一起發現，文字是世界上最美麗又最好玩的「想像積木」，可以堆疊，可以重組，可以讓我們無限地翻新創造……

黃秋芳

於二〇一一年七月

卷一

我們一起來朗誦：文字的情趣

1. 每一個字，擁抱著自己的聲音
2. 每一個聲音，吐露著自己的表情
3. 字感，漢字的禮物
4. 語感，字的遊樂場

1 每一個字，擁抱著自己的聲音

漢字和英文最不一樣的地方是，我們不喜歡「合唱」，只想要「獨唱」。英文要出動「S」、「U」、「N」三個字，才能完成「太陽」這個字的大合唱，我們卻只要簡簡單單寫出一個「日」字，就用獨唱，把對世界的觀察，表達得很清楚。

雖然漢字的表達，看起來很輕鬆，可是，做一個古人，眞的很辛苦。古代的字，多半用刀刻在獸骨或竹片上，習慣把筆畫刻成橫的或直的，這樣比較容易「施工」。在筆畫變形成橫的和直的以前，「日」的古字這樣寫：「⊙」，帶有強烈的圖畫意味，彷彿可以看到圓圓的太陽，在古老的神話裡，傳說裡面還有一隻鮮豔璀璨的金烏鴉呢！所以，後來，后羿張開神箭射下九個太陽時，掉下來的都是金烏鴉。

「月」也是這樣唷！瞧，英文還得出動「M」、「O」、「O」、

「N」四個字組成一個意思。月亮雖然也是圓的，但是在古代，我們寫成「」，一定要畫出尖尖的月牙兒，因爲一整個月，我們看到的二十幾天，它都尖尖的，在天空上慢慢變圓，又再變尖，裡面還看得到玉兔的長耳朵。

像童話故事一樣可愛的「金烏」和「玉兔」，就住在太陽和月亮裡，這就是爲什麼古代的人很喜歡用「兔走烏飛」來代表「時光匆匆，光陰過得很快」。這時候，我們再去看「日」和「月」這兩個字，是不是覺得特別有意思？

這就是閱讀漢字的幸福。只要有機會，我們停留在一個字又一個字裡，認眞辨認，就可以感受到字的聲音和感情，只需要簡單、素樸的筆畫，一個字分配一個聲音，勇氣十足地展現文字的個人秀，不像西方文字那樣，必須依賴很多個字母，合成一個字，最後才組織成幾個音節的複雜表演。

漢字世界裡的每一個字、每一個聲音，就這樣擁抱著只屬於自己的獨特感覺，在人類文明舞臺上，開展出讓人目眩神迷的精緻華彩。

從輕到重的四聲

字的聲音演出，當然不只是為了表演，更重要的是，在大聲朗誦這些聲音時，我們自然會覺得開心。

試著並列各種名字，同學、朋友、歌手、明星、偶像、漫畫、卡通，從家庭、學校、任何我們熟悉的團體裡，或者是我們喜歡的作家、法寶，照著收尾的最後一個字，從「一聲」、「二聲」、「三聲」到「四聲」，然後放慢聲音，大聲誦讀。比如像三國裡的英雄，郭嘉、孫權、諸葛、劉備；《封神傳》裡的法寶，定海珠、風火輪、綑仙索、金箍棒；世界名人裡的貝多芬、J・K・羅琳、愛因斯坦、海倫凱勒……。

當我們放慢速度念著這每一個字，藏在聲音密度裡的感情，會在無形中慢慢釋放。一聲的收尾字，像「郭嘉」、「定海珠」、「貝多芬」，輕輕的，有一種慢慢靠近的溫柔；二聲的「孫權」、「風火輪」、

「J・K・羅琳」，慢慢拉長，加深了情感濃度；三聲的「諸葛」、「緗仙索」、「愛因斯坦」，短而有力，表現出緊湊的快節奏；四聲的「劉備」、「金箍棒」、「海倫凱勒」，有一種力盡於此，不顧一切的最後強調意味。

當我們浸在輕飄飄的「一聲」，它們很輕，會往上飄，像小精靈；但又不像「二聲」，可以悠揚而餘韻綿延地平平伸展，好像無論聲音拉得多長、多久，它就是可以一直無限延伸，就這樣拉成世界上最長最長的聲音，像隆重現身的好友，永遠會陪在我們身邊；到了「三聲」，童話魔法消失了，頑皮的聲音走到這裡，忽然陷落，讓一種殺手般斬釘截鐵的力量收斷，話就到此說盡；至於那蘊蓄力量的「四聲」，哇！眞的很重，驚天動地劈下，像霹靂英雄。

我們還可以找出更多四聲變化的字，拼貼在一起多念幾次，眞的就可以感受到藏在聲音裡活生生的律動。因爲，字是最有趣的「智慧玩具」。

試著放慢聲音，腦海裡想像出「圓圓月」的美麗畫面，「圓」是膨脹而無限延伸的二聲字，「月」是充滿力量的四聲字，清楚地念幾遍這則充滿聲音、畫面的繞口令：

圓圓遠遠叫圓月，叫來圓月來賞月。
圓圓說：月月圓；圓月說：圓圓月。
圓圓說：圓月的眼圓比月圓；
圓月說：圓圓的圓眼賽圓月。
究竟是圓圓、圓月的眼兒圓？還是遠遠圓圓的月兒圓？

我們很快就可以發現，二聲的「圓」，三聲的「遠」，四聲的「月」，以及不斷重複其間的一聲的「說」，這每一個字的聲音，都帶給我們非常豐富的感覺和聯想。

從小到大的嘴型

每一個聲音，都有特別的情韻在延續。

當我們不再那麼急切地聯想到考試，不再那麼功利地計算分數，少了一點點精密、絕對的標準答案，就足以孕養出更多一點點蓬鬆、模糊的感覺、領略。

有的時候，我們還可以收集一些一聲的字、二聲的字、三聲的字、四聲的字，反覆地念，我們會發現，我們的嘴型，好像有自己的個性，會自由地表現出情緒。嘴唇嘟起來的時候，好像有一些心事、有一些祕密；大大張開後，又顯得這麼開心、任性而快樂。

這種從「合口」到「開口」的過程，可以捕捉到每一個不同的字，即使被管理在相同的聲調裡，也熱鬧地蹦跳出不同的感情。比如說，「一」、「ㄨ」、「ㄩ」這些字在收尾的時候，我們的嘴型不能打開，要合起來，感情收得比較緊，我們有一個很特別的名詞來形容，叫做「合口韻」，像溪、怡、舒、露、瑜、旭……，無論聲調如何，只要嘴型收起來了，就好像內向的孩子，躲在小小的、安全的世界，溫柔說話。

還有，像書、思、紙……，這些把嘴嘟得圓圓的「合口韻」，也都是膽小的孩子。古詩裡有這樣一首詩，用收起來的聲音，表現出珍惜的心情：

不是不修書；不是無才思。
繞清江，買不得天樣紙。

看，想念人家，又沒有認真展開行動，連一封信都不寫，自己都有點不好意思了，就找了個藉口，像紙不好啦！我有這麼多話想說，紙太小張之類的，代替想要道歉的心意。

到了「ㄜ」、「ㄛ」、「ㄡ」、「ㄣ」、「ㄥ」這些韻，膽子稍微放大一點了，荷、朵、友、謀、君、松……這些字，有一點點開放的意味。

試著讀一讀這首詩：

> 梳洗罷，獨倚望江樓。過盡千帆皆不是，斜暉脈脈水悠悠。腸斷白蘋洲。

想像著無論前一天有沒有開夜車，不管再怎麼累，我們都要一大早換好衣服，等校車，等了老半天，一輛一輛車子過去，都不是自己想要搭的那班車。車子怎麼還不來？這時，我們就會慨嘆：「過盡千帆皆不是，斜暉脈脈水悠悠」，微微張開的嘴巴，吐出一點點力量了。

到了「ㄚ」、「ㄢ」、「ㄤ」這些張大嘴巴的韻，力量張狂，神采飛揚，我們特別把它叫做「開口韻」，好像在吐出華、霞、沙、岸、盼、揚、翔、江……這些字的瞬間，世界變得很大很大。漢朝開國皇帝劉邦，在辛苦打敗項羽後，寫了這首英雄詩：

大風起兮雲飛揚，威加海內兮歸故鄉，安得猛士兮守四方。

剛建立一個新國家，風起雲湧，危機還很多，好希望天下安定，多一點英雄人才一起來守護人民，這時，最需要充滿勇氣和力量的「開口韻」來吶喊助陣。

多一點感覺，多一點可能

我們在認字以前，理解了每一個字都擁抱著自己的聲音，每一個聲音都湧動著自己的感覺，這樣反覆誦讀，才能對字多一點感覺。

小時候，字是我們最親密的玩具。我們看到「大」字，好像平地上有一個大巨人張開大手大腳在向世界打招呼；看到「小」字，好像都感覺到小小的小小孩，把自己的手貼在身邊縮得小小的。

慢慢在長大以後，只要我們還保持著這種對於每一個字的新鮮和敏銳，字自然就變成了我們最親密的好朋友。當我們長期對「字形」和「字音」保持一種敏銳的察覺和想像，對看到的每一個字，發生在生活裡的每一件事，以及對我們身邊的人和事，都可以多一點感覺，多一點情感和眷戀，隨時在生活中，發現更多可能。

好像我們的身體裡，儲備著好大一個「感覺的湖」，對於落在這個湖邊的每一個線索，有一種偵探般「收集」和「分析」的能力，不斷吸收、拆解、分析、整理，在我們的潛意識裡，發酵成「直覺判斷」。這種長期建立起來的感覺魔法，讓我們享有一種丟棄標準答案，跳脫侷限規律的精神豐富，讓平凡的日常世界，變得活潑一點點；讓窄窄的生活領地，變得寬闊一點點；讓無聊而重複的每一天，都能夠享受更多一點點的驚奇和樂趣。

這就是「對字，多一點感覺」以後的我們，神奇開展出來的新世界。

有沒有發現，有一些很喜歡英文的人，長期泡在英文的習慣用法裡，發展出一種純粹的直覺判斷，對於很多文法規則上的例外，常常迅速寫出標準答案，卻怎麼也說不出原因，這就是「感覺的魔法」。漢字的學習，當然也是這樣。在理解一段文字，或者是猜測一個以前不知道的試題，都可以運用已知材料，發現問題，拆解、分析、判斷，然後準確地切入眞實。

我們可以想像，這世界上絕對沒有人有足夠的把握，認識所有的字；有足夠的自信，可以應付所有的考試、全部的難題。然而，當我們對「字」有感覺時，在失手出現錯字時；在面對不認識的字；在審思沒有準備過的試題……，我們的直覺，因爲感覺敏銳，常常可以在想像與猜測中，精準地發現問題，通往比較不容易出錯的選擇。

被譽爲「世界上最聰明」的愛因斯坦，研究科學，卻做了這樣的結論：「想像力比知識更重要。」

猜猜看，這種比知識更重要的想像力，是不是就來自於這種「感覺的魔法」？

2 每一個聲音，吐露著自己的表情

體會「字」的感覺，最直接、也最有效的方法，就是大聲朗讀。在誦讀同時，我們的耳朵、情緒，同時都在接收，並且享受著每一個聲音吐露出來的各種表情。

大聲朗讀，最能夠感覺傳達出什麼不一樣的情緒。

光是簡單的「你好」兩個字，在聲音的變化中，音量大一點、速度快一點，就顯得元氣十足；音量小一點、速度慢一點，就變得牽強爲難，清亮的聲音讓人快樂，藏著作弄或惡意的聲音讓人生氣。想像著睡眼朦朧趕進教室的孩子，一聲「你好」，聲音還有一半含在嘴裡，讓人聽都聽不清楚；再把場景轉換到層層疊遞的青色山巒，仰起頭，對著陽光、青山大喊一聲：「你好！」回聲又從遙遠的山對岸，一層一層轉了回來，彷彿把全世界都喚醒，忍不住都跟著好心情，這就是聲音的魅力。

不同的聲調，創造出不一樣的感覺。有沒有注意到便利商店裡的店員，怎麼在寬大的空間裡大聲說「歡迎光臨」啊？同樣的音量，如果放到百貨公司小小的電梯裡，結果會怎樣？很嚇人吧？所以，電梯裡的服務員會降低音量、放慢速度，把「歡迎光臨」這四個字表現得很溫柔。

在教室裡，或者好朋友湊在一起，我們也可以隨意喊一聲：「歡迎光臨！」短短五分鐘，可以很快樂、很不情願，或者很熱情、很期待，不同的聲音，配上不一樣的表情，活潑一點，再加上幾個動作，具體表現出年紀、個性，短短一句話，就是一場不需要臺詞、劇本，仍然趣味盎然的「創造性戲劇」。

有時候，更強烈一點，試著用不同的聲調念：「救命啊！」試著多找幾個人練習，很容易可以發現，只有少數人的聲音、表情，可以精準地傳達出急切、驚慌，渴望任何一雙援手；大部分的聲音模擬，因爲缺少極端情境的情緒迫近，大部分人的聲音，常顯得過於溫柔、鎭定、嬌嗔、頑皮、可愛……，這些聲音，在緊急求救的時候，根本沒效果唷！

或者，更精細一點，試著從大小聲、捲舌音，以及輕重清濁的聲調變化中，仔細去比較「玫瑰花」、「玫瑰花兒ㄦˊ」、「玫瑰花（兒ㄦ）」的聲音差異中，感受藏在聲音裡的戲劇性，就會發現，好像唸「玫瑰花」的時候，老一點、重一點、濃一點、豔一點；「玫瑰花兒ㄦˊ」更嫩、更輕、更淡、更清；念到輕輕收起尾音的「玫瑰花（兒ㄦ）」時，彷彿捧起了一朵小小的花嬰兒了呢！

舉頭望明月，低頭思故鄉

如果我們有機會，而且也有一點閒暇的心情，靜靜在紅塵熱鬧中，辨識一個又一個聲音裡的個性、情緒，其實是一件很有趣的事。

認眞去聽，這世界好多聲音，好聽的、可怕的、溫柔的、傷心的、好笑的……，不同的聲音，有不同的表情。比如說，從小到大，我們在很多地方、很多特別的時候都會背李白的〈靜夜思〉，因爲背的時間太多了，慢慢就覺得很平常，沒什麼感覺。這時，我們更需要放慢聲音朗讀，透過聲音，開鑿出一條像時空走廊一樣的感覺通道，從「床前明月光」開始「疑」起。

這一「疑」，把聲音拉得長長的、長長的，好像必須在這些拉長的時間裡找到答案。應該是「地上霜」吧？

直到「舉頭望明月」，這四聲「月」的收尾，多麼重又多麼痛，好像把所有的感情都兜在裡面了。這還嫌不夠。最後，又得用力地、用心地，竭盡所能地看，看，無止盡地舉頭仰望，加重音的「望明月」，有一種力量，急切地撐起所有的幽思愁緒，只是，那辛苦艱難的堅持仰望，都跟著一顆飄飄蕩蕩的心，往下沉、往下沉……

直到一低頭，「思故鄉」的輕聲，把聲音拉長了，長長地、長長地，輕輕的聲音，往上飄，一顆離亂蓬鬆的心，隨著輕輕的聲音，跟著飄起來，往上飄，往上飄，無邊無涯地飄遠了……

很奇特吧？望明月的「月」，這沉重的四聲，帶著我們的心思往下壓，以一種莫名模糊的力量，扯著我們往下沉，一直沉。才覺得沉不見底，這時，思故鄉的「鄉」，卻藉著輕輕的聲音，把一個明明是「低頭」的下沉動作，忽然往上提，我們的身體、我們的心思、我們的情懷，都跟著往上飄起來。

海內存知己，天涯若比鄰

當我們琢磨、領略著聲調裡的「三聲」，感覺那是一切都到此爲止的殺手，好像畫面上忽然切掉，就這樣了，沒什麼好說的。這時，我們還可以延伸想像，如果一個句子的收尾，用的不是「四聲」的重擊力量，而是用「三聲」，結果會怎樣呢？

比如說，王勃在〈送杜少府之任蜀川〉詩中，開頭一句「海內存知己」，不像「一聲」那樣溫柔，適合輕聲抒情；不像「二聲」，有一點迴旋反覆的意味；更不像「四聲」，帶著沉重的力量，它只是精確地陳述事實，斬釘截鐵地做了結論：四海之內，一定會有好朋友。

但是，隨後接到「天涯若比鄰」，「天涯」也好、「比鄰」也好，都是平平的二聲，和「思故鄉」往上升的感覺是不一樣的，好像世界可以一直拉、一直拉，拉到很長很長、很遠很遠的地方，不斷延伸下去。

直到下一句「無爲在歧路」，重重的四聲，透露我們生命中所有的迷惑、痛苦，不知道該怎麼繼續走下去的徬徨，都在此時此地，把力量用盡了。

最後又重複一次「舉頭望明月，低頭思故鄉」那種「沉了又往上飄」的聲韻情味，在「兒女共沾巾」的輕聲中，所有的感傷、壓力和茫然，都碎成細細的、幾乎不能捕捉的淚珠子，一點一滴隱沒在薄薄、涼涼的手帕裡。

很細膩吧？這就是聲音傳遞給我們的感覺。

聽見青鳥揮翅

這些「文字的聲音」，像一串又一串精緻而碎細的珍珠鑽寶，琳琳琅琅，在字紙間唱著好聽又熱鬧的歌吟。如果我們剛好有機會，聽到這些聲音，感受到冷硬的心，悄悄地被撞了一下，只覺得世界微微亮起溫暖的光色。

隨著方塊字的「獨唱」特性，一個字，配屬一個專用的「聲音」和「圖像」，從「字的聲音」做起點，我們又可以認識一個又一個「字的圖畫」，隨著我們真實的「生活經驗回溯」，以及虛擬的「情緒聯想渲染」，從字的形色延伸出各種美麗，想像一種難以言喻的「絕美」，和我們靠得越來越近。可以說，中國文字，從「圖像」裡萌芽，藏在每一個字裡的，不只是個別的意義，常常是一幅圖畫，或者是一個動人的故事。

字這麼美，又這麼有趣，應該不會有人捨得，丟下「字」這個最有趣的玩具和最親密的朋友，就這樣傻傻走遠吧？可惜的是，從二〇〇八年開始，我們的字，面臨一個小小的危機，根據聯合國的規定，以後聯合國會員國使用的中文，全面使用簡體字。

看起來，臺灣地區普遍使用的「正體字」，快要成為整個國際語言中的「古老標本」了。如果我們真的這樣想的話，就會錯過更多關於字的豐富和美麗。表面上，現在確實比較少人使用正體字，有人覺得，這是一種在世界溝通時的限制，同樣地，也因爲很少人看得懂，正體字就成爲我們的「獨門法寶」。

危機就是轉機。我們就像追逐青鳥的孩子，跟著全世界大聲嚷嚷「全球化」、「國際化」，然後，在世界變得越來越相像以後，才發現人們開始期待，每一個國家、每一個地方、每一個人，都可以表現出更多元的個性和更強烈的特性。

這時，我們再認眞讀一讀每一個熟悉的方塊字，像童話裡追逐青鳥的孩子們，回到自己的家，後院裡美麗的青鳥，仍然守護著如此多樣豐富的家產。如果我們願意，靜下來，慢下來，專注在一個又一個方塊字裡，一起捕捉更多感覺，就會發現，中國文字的「聲音」、「形狀」，以及透過文字圖像轉而延伸出來的各種「多重意義」，有趣又有意思。

當我們沉入其中，對字的感覺變豐富、變敏銳後，就覺得舊有的世界變大了。在時間上，溯回很久很久以前的古代，到很久很久以後的科幻年代；在空間上，也讓我們變得很大很大，到很遠很遠的赤道、北極、銀河、星際，抵達最遙遠、最神祕的任何一個可能到達的地方。

3 字感，漢字的禮物

每一個字的聲音輕重，說話時的抑揚頓挫，存在著很大的差異，不同的人，用不同的情緒領略在表達，所以，藏在每一個「字的聲音」背後，常常是極爲「個人化」的感覺。隨著我們的成長背景、生命經驗、情緒變化，以及每一個對意外發生時的接受深淺，慢慢形成一個龐大的「記憶海洋」。

我們長期浸泡在這些不斷重複發生的記憶裡，重複累積出舊經驗的新體會，搭築出一個堅固的「生命基礎」，像過關遊戲的設定一樣，我們就用同樣的模式，解釋、應對不斷發生的新經驗。比如說，如果我們很喜歡吃，喜歡用湯匙，嘗遍布丁、水果泥和冰淇淋的美味，被媽媽擁抱時，就會冒出這樣的句子來形容幸福：「好像兩根湯匙疊在一起。」如果我們很喜歡巴斯光年，下定決心進行任何冒險時，會振臂高呼：「飛向宇宙，浩瀚無垠！」在牛排店打工時，和同學一起複習功課，忍不住會問：「數學現在幾分熟了？」

「字的聲音」就是這樣，受限於一定的生命經驗，有一種習慣上的「必然」，同時也帶著一些並不是一定會變成這樣的「偶然」，這和當時聽到的感覺、生活的經驗，以及大家可以共同接受的程度有關。

最多人接受的「字圖」

和充滿個性差異的「字的聲音」對照，確立「字的形狀」，就具有比較「普遍化」的共同體會。

雖然，畫畫，本來就不是科學，是一種自由的想像和創造。每一個「字的圖形」，在共同的生存背景裡，隨著不同部落、不同的人、不同個性、不同特質的抓攫和描摹，一定會出現各種不同的「象形描述」，這就跟十個畫家畫太陽，就會畫出十個不一樣的太陽一樣，不過，這種建立在「觀察」和「想像」衍生出來的「圖像描摹」，經過長時間的運用和演變，最後，一定是最多數人能夠理解、接受的「字圖」，才能夠流通，而後才確立成一個固定的字。

比如說，想像著我們在遙遠的原始時代，我們所在的地方，我們是不是很容易就可以畫一條橫線「一」來代表土地；然後一抬頭，很自然地，我們也會覺得天空無限大，平平地、平平地延伸出去，又會畫一條橫線「一」，來代表天空。

這條橫線，既是「天」，也是「地」，爲什麼不會產生矛盾、錯亂？因爲，在「字」剛剛出生的時代，大家都不習慣作假，很容易在彼此表情上看到快樂、悲哀、飢餓、滿足，不需要製造出太多表達複雜而多層次的「內在心情」的字。但是，在不能面對面溝通，需要考察字來表示意思時，往往又和大家必須生存下來的現實條件有關係，需要清楚記錄「外在狀態」，山川、河流、星星出來、小草發芽……，也就是說，最初出現的這些「字圖」，全部都是「寫生畫」、「靜物畫」、「風景畫」，幾乎不太有機會出現「抽象畫」。

遠遠地描摹出圓圓的「」和尖尖的「」，這是太陽和月亮的寫生；拉近鏡頭的特寫，放大果樹上的果實，甚至誇張地畫出果實裡的種籽，這個「果」字，就成爲生動的「靜物畫」；每一天，當我們對著，想像著遙遠的山上，究竟藏著什麼？捧起一把來洗臉時，「山」和「水」就成爲誰都看得見的「風景畫」。

大部分抽象的感情和力量，都必須依賴對生活空間的「觀察」和「想像」，慢慢把「線索」兜起來。比如說，從高高的天空中，由「一」這條線，落下三排小水滴「」，代表很多很多從天落下的「雨」，那一個又一個小點點，寫在字裡，看起來好像還在下個沒完呢！

同樣的「一」這條線，把它降低，不必任何附加解說，我們就可以在「字圖」上理解，這不是「天空」，應該是「大地」。從地上的「一」冒出三條細線：「」，這個字就是「生」。「一」是無限延伸的大地，上面畫出來的三條生機燦爛的細線，就代表自由抽長出來的「草」，從泥土裡竄長出來，從大地裡生出希望、生出幾乎可以包容一切的力量，這就是我們在看「生」這個字時，隨著「字圖」延伸出來的感覺和聯想。

藏在字圖裡的感覺

很有趣吧？看著這些「字圖」，我們彷彿翻閱著一幅又一幅沉靜的「現場寫生」。透過這樣眞實而生動的「生存舞臺」，一個又一個美麗的方塊字，就這樣把遠古時候的生活，以及在那個荒遠時代的歡愉、悲哀、恐懼、勇氣，以及無從侷限的想像力和生命力，一點一滴記錄下來。

隨著每一個不同的字，我們忍不住有一種被「強烈衝擊」的感覺、聯想和情緒，這就是「字感」。「字感」是種植在使用「方塊字」這種漢民族的血脈裡，最有意思的「禮物」，當我們認眞面對每一個方塊字時，就能察覺，這跟背英文、背日文不一樣。

每一個方塊字都有一個形狀、一種聲音，透過這些形狀和聲音，彷彿組成一個文字的「表演舞臺」，帶給我們深切的感覺和領略。這種最華美的文字表演，隨著不同的「字感」，發展出我們自己的「感覺劇本」，所以才有了這麼多不同的劇情，不同的情感渲染。

即使到了現代，脫離艱難原始的生活環境，我們仍然可以透過一個又一個藏在字裡的圖像，延伸出許多有趣又有意思的感覺。

當我們看到「雷」這個字，感受到「雨」下在「田」裡，隨著我們從「記憶海洋」裡捕撈出來的感覺差異，根據自己的居住地和生活經驗，加入很多自己的想像，每一個人都有不同的理解、聯想和解釋，我們體會到的意思，早就脫離遠古生活，摻入更多現實生活的感覺和情調。

乾旱地帶的人，因爲「雨」下在「田」裡，對「雷」字當然會生出溫柔感謝；太容易下雨打雷閃電的地方，可能我們就會聯想起，農夫在耕田的時候下大雨，打了個雷，他嚇一大跳，隨著雨聲越來越大，雷電震震，恐懼升起，更覺得害怕，恨不得催促著荒野上的人都趕快回家。

也有人一看到「雷」這個字，立刻感受到震耳的雨聲，大到可以蓋住整個田；有人感受到無邊寬闊，好像雷只會打在很空曠的地方，由一塊又一塊土地拼組出無限的平野；有人特別覺得在磨難中，急切想要回家，風雨淒淒，全家更要緊密地相守在一起；有人只覺得方方整整的「田」，像一扇又一扇窗，瞧，我們家的窗，不就是這個樣子，好像切身感受到，雨打在窗玻璃上，雷聲強化了脆弱驚怯……。就這樣，一個簡單的字，隨著我們的記憶、我們的聯想，不斷渲染、滲透，卻又相互覆蓋、增強，不斷加入越來越多新的感覺，爲一個字附加出千百種可能。

這就是「字感」，是我們能夠認識字、喜歡字，並且不斷玩味領略的深沉幸福。

雷，驚天動地的災難預告片

這些字圖，像「遊戲拼圖」，讓我們一遍又一遍重新改寫感覺劇本，爲每一個字想像出各種各樣的劇情和聯想。如果我們願意，多花一點點心思，把這些字圖拆解成更小的「圖像零件」，就有機會，像名偵探一樣，從各種線索拼組出「生活拼圖」，一片又一片，慢慢還原遙遠的蠻荒古代，人們如何艱難地活下來。

我們再回到「雷」這個字，調整時空背景，把時間倒轉回幾千年前，想像著在堅固的房屋、溫暖的被窩，以及安全的避雷針發明以前，在最自然、原始的生存條件之下，人們面對漫天落下的「雨」，如果沒有得到適當的保護，最後會變成什麼樣子呢？

要知道唷！在很久很久以前，幾乎各種不同文化、不同部族的原始初民，因爲相同的存活需要，常常都偎靠著一條河開展生活，西亞的兩河流域、埃及的尼羅河、印度的恆河，以及漢族生命初起源的黃河……。同樣一條河，給予人們生活的憑藉，也隨時掠奪生命的依存。人們這樣依賴著一條河，同時也畏懼一條河，所以，下雨的時候，他們情緒特別緊繃。

尤其在閃電、打雷同時，也許還沒有形成災難，但是，已經受過水災折磨過的「記憶海洋」，就會自動響起「ㄅㄧ ㄅㄧ ㄅㄧ」的警報聲。伴隨著雷電出現的大雨，人們本能地害怕，這樣的雨一定不小，接下來，究竟要下到什麼時候、什麼程度呢？

他們抬起頭，膽戰心驚地看著雲氣和閃電，在漆暗的夜空中，驚天動地劈下閃電「」，像惡魔切蛋糕一樣，漫不經心，卻顯得威力無窮；交錯在雲氣閃電間的「⊕」，就是「小鼓」，因爲光速比音速更急更快，所以在閃電之後，總會相隨出現恐怖的雷聲，「轟！轟！轟！」；這恐怖的聲音如震天的鼓，在閃電的縫隙裡，隆隆掀天，瘋狂地爲閃電出場，揮霍出驚天聲勢「」，這就是古代的「雷」字。

　　這些閃電，因爲力量太強大了，慢慢成爲一個民族的集體記憶，濃縮成「圖騰」。所以，以前的人創造出雷公時，在形塑神靈角色同時，會根據閃電「」加以繁複裝飾，形成雷紋圖騰。

　　到後來，隨著字形的書寫需要，因應時間和工具上的限制，慢慢地，閃電的寫法，越寫越整齊、越變越簡便。這些複雜的閃電小鼓「⊕」，因應刻畫方便，從「圓筆」簡化成「方筆」，就自然轉化成簡單的「田」字，這些震震如鼓的雷聲，又總是在下雨時出現，爲了書寫上的迅速，並且讓人更容易聯想、理解，就在大「雨」天底下加上用「田」字代表的鼓聲，這是字圖在書寫和傳播的過程中，隨著時空變遷，充滿生機和想像的

「再生」和「裂變」，就這樣演變成現在的「雷」字。

原來，「雷」這個字，是大自然的「災難寫生」，聲勢驚人，讓我們看到大雨底下，閃電閃個不停。這些雨中的閃電，成為生活日記、災難警訊，當然也成為歷史教訓，化成一代又一代必須深刻警惕的生存教材，像奇幻小說常常表現出來的魔法一樣，讓我們在書寫這些筆畫時，感受到一種更加強大的文字力量。

4 語感，字的遊樂場

隨著每一個字，延伸出「字感」，是使用方塊字的我們，從遠古文明接收到的禮物。

透過一個字又一個字的組合與變動，裂生出更多的「詞組」。這種「把字接在一起」的組合能力，在我們一開始接觸文字時，就透過「造詞練習」，一遍又一遍反覆受訓，幾乎變成我們的本能，一個「文」字，我們不需要花太多腦筋就可以接出「文字」、「文章」、「文學」、「文化」……，就像手根本不需要根據步驟一二三，就可以彈鋼琴；像貓不必思考，就知道怎麼抓老鼠。

或者，改變「字序」，顛倒每一個詞常見的用法，製造出一種熟悉而又陌生的「新鮮感」，仔細辨識字在不同的詞組中，像「青天」、「天青」；「地心」、「心地」；「冰糖」、「糖冰」；「音樂」、「樂音」；「科學」、「學科」……，這些不同的組合順序，如何渲染出不同的意義和情緒？

注意這些「詞組」和「字序」的增刪調整，再和原來的字、原來的詞、原來的順序，對照比較，就可以找出更豐富、更多層次的暗示和聯想，並且區別出層次差異，這就是「語感」。「語感」是流動在漢族血脈裡，極爲眞切而又具有無限可能的文化基因，也是對文字排列極爲敏感纖細的「文字超能力」。

一個人的「語感」越敏銳，越能感受到我們生活著的每一個地方、每一個瞬間，有什麼獨特而不能複製的地方。我們在自覺與不自覺之間，在每一個字詞語言的拼貼、重組中，不斷參與、不斷感受，同時也不斷聚合、創新，像衝浪，迎向一波又一波來不及計畫準備的「感覺波濤」。

這種感覺波濤，湧生於我們的身體裡一種神奇的「記憶海洋」。一方面傳承自遙遠的文化基因，我們的祖先、我們的成長歷程、我們的生活方式，都匯聚成「背景水色」；另一方面，透過存活著的每一天，把我們感覺到的每一個瞬間，如水滴流進川海，一點一滴，豐富了我們的領略，而後聯繫到文字裡，發展出豐饒、敏銳，充滿想像和創新的語感。

像遊戲一樣，在深化語感的自由聯想裡，我們很容易改變這個習以爲常的世界，轉換心情，區別層次，注意最小的情緒細節，在新鮮、強烈的撞擊下，感受一種和以前不一樣的嶄新活力。

語感遊戲

最簡單的語感遊戲，就是「對照」和「比較」。把我們認識的每一個字，都當做「拼圖」，拼圖時，我們挑揀的兩個碎片，一定有某些相關性，讓我們嘗試組合，「語感」的練習也是這樣，任意撿起幾個字，**相映對照**，察覺藏在其中的隱微差異。

比如說，拿「波」和「滑」來做比較。王安石喜歡「玩字」，寫過一本《字說》，停留在一個又一個字裡，翻攪「感覺的湖」，找出屬於自己的體會，他發現，「波」這個字就是「水的皮」，波瀾起伏，像人的皮膚皺褶；和他亦敵亦友的蘇東坡，忍不住拿這個字來調侃他：「波如果是水的皮，滑這個字呢？難道是水的骨頭嗎？」

蘇東坡當然不相信，「滑」是水的骨頭。不過，字的解說，有很多種說法，關於「滑」這個字，有一種很有趣的解釋，在中國北方入冬以後，天寒地凍，水面都結冰了，水面堅硬的程度，就像狩獵後曬乾的獸骨，人們走在冰面上，都要互相提醒，這水面，很像水的骨頭唷！要小心防滑，所以，蘇東坡應該會大吃一驚吧？在古人眼裡，「滑」這個字，眞的是水的骨頭耶！

這就是漢字有趣的地方。埋在漢民族的「語感」，與其說是爲「字的解釋」，強調要找出標準答案，不如說是「字的演出」，每一個字，都飽藏著豐富的內涵和情韻，讓我們對字的輕重、詞的長短、句的濃淡，生出一種直覺的敏銳，以及無限延伸的想像和樂趣。

所以，相不相信「波」眞的是「水的皮」？贊不贊成「滑」是水的骨頭呢？這都沒有關係，因爲，我們自己也可以試著找出更多其他的想法，對字多一點感覺，我們就多體會一些「解釋這個世界」的快樂和見識。

在字的世界裡，還有很多字可以對照想像，「上」和「下」；「吉」和「凶」……。到了兩個字、三個字、四個字的對照，選項就更豐富了！簡直是無邊無涯的「字的遊樂場」。

既然談起水的皮和骨，我們在嘗試兩個字的對照時，就拿「傲骨」與「傲心」來做比較吧！

骨頭堅硬，「傲骨」必須是一種支撐、固定，有原則，也有摩擦；心卻柔軟、變動，充滿羈絆不住的愛惡懼怖，所以「傲心」難免就挾帶了一些痛苦和傷害。

再從「心」的聯想開始，想一想，「湖心」和「心湖」，感覺上，有什麼不同呢？湖心具體；心湖抽象。湖心究竟大不大？仔細想起來，就只湖中心一丁點；心湖看起來很小，其實無限大。有人認爲，湖心很大，張望出去四面八方都是可能；心湖很小，我們的快樂疼痛全都藏在深受侷限的人際圈子裡。有人覺得，「湖心」這樣平、這樣靜，轉換成「心湖」

後卻又翻出奔騰的起伏；有人卻覺得，「湖心」很小、很平靜、很眞實，「心湖」才顯得寬闊、混亂、藏不住也碰不到。

原來，**改變字的順序**，用來檢視「語感」，特別容易發現一些有趣又有意思的文學趣味。

因應語詞的變化，我們的感情多出一些原來想像不到的曲折動盪，這就是美麗的語感。關於「湖心」和「心湖」，我聽過最動人的聯想是，湖心的「心」是句點，有標準答案，確定知道位置；心湖的「心」是問號，沒有標準答案，也從來沒有人確切知道心所在的位置。

還有呢？世界上還有這麼多不同的人，應該也還有千千萬萬種動人的感覺吧？

喚醒感覺

李後主有一首〈虞美人〉：

春花秋月何時了？往事知多少？小樓昨夜又東風，故國不堪回首月明中。雕闌玉砌應猶在，只是朱顏改。問君能有幾多愁？恰似一江春水向東流。

春夏秋冬四季輪迴，這是多麼美麗的人間風景！就像我們所經歷的往事，因爲幸福消失了，反而在記憶中，隨著無數次的溫習，變得越來越美好。問題是，在記憶中越美麗的回顧，更襯出現實中越殘酷的破敗失落。飽滿的春水帶來生機，大地重新復甦，華麗的宮殿，有數不盡的喧譁歡愉，越美麗越寂寞，說不出來的傷心，像淡淡暈開的月光，遠遠濛濛，不知道是淚光掩蔽了視野？還是月光遮掉了所有挽不回來的舊時歲月？

如果我們把「小樓昨夜又東風，故國不堪回首月明中」，不小心背成「故國不堪回首明月中」，因爲這顆又圓又亮的明月，我們讀詩的心情，會變得明亮而強烈，藏在幽幽光暈背後，有一種無限渲染的深沉悲傷，在清楚的光色中，跟著就蒸發了。

當我們想像著「明月中」，月亮很大、很圓，高懸中天，往事無疑是心中的主角，有鮮明的輪廓，明亮，晶瑩的光色，藏著美好的記憶，一如心情、往事，歷歷分明。這當然和「月明中」很不一樣。字序一錯開，邊線就模糊了，月亮小小、遠遠的，渲染著不願想起卻仍浮起的記憶；光線晦暗模糊，彷彿都是一些傷痛到不太確定、不太敢想起的往事。

每一個人受限於不同的生活背景和語言理解，常生出迥異的感觸，這才形成了語感的特殊魅力。有人覺得「明月」這樣清楚，「月明」卻擴散出暖暖的餘光；有人覺得「明月」把四地照得鮮明；「月明」卻只照得朦朧，氤氳、難識難辨。

有人在「明月中」感受到完整飽滿、「月明中」卻顯得殘缺、模糊、不完整；有人感受到「明月中」的記憶刻得深、「月明中」刻得淺；有人覺得「明月中」是現在的記憶、「月明中」慢慢推向過去；也有人延伸得更深切，「明月中」是月亮剛出來的時候，有一種從早上到晚上的等候與期盼，一定要好好活著；「月明中」卻從晚上到早上，天將亮，月亮快消失了，往事和無限祈願，好像也跟著一起落空。

當我們隨著感覺波濤的起起伏伏，沉溺在記憶海洋，享受每一天都有變化的生活，自然就打破了日日重複的平板生活，在好像被豢養在一格一格差不多的籠子裡，面目差不多的「寵物人」所面對的無感人生裡，注入美麗的生活情趣。

看起來自由、豐沛、沒有秩序可言的語感流動，事實上，在每一個文字語詞背後，有我們最熟悉的地景，以及記憶裡一些模糊的人影，深深淺淺地交錯著，所有過去世界裡發生的一切，都影響了現在的我們；而我們生命中的每一個小小的切片，都藏著足以改變自己、改變世界的千萬種感覺。

藉由喚醒感覺，我們可以對字產生聯結，放大每一個字，想像每一個字背後的文化、生活、生命經歷，以至於對自己、對生命，重新有了新的體悟。

當我們透過語感的多重捕捉和演繹，重新珍惜生活、享受生活同時，才能夠對字多一點感覺，對生活多一點感覺。這樣，文字才終於和生活聯結，我們也才能夠，在下一個篇章，透過一個又一個和字相關的故事，遙想從遠古到晚近，從素樸初民到日日呼吸的我們，那每一個眞切存活著的瞬間。

卷二

我們一起聽故事：文字的誕生

1. 文字萌芽
2. 畫圖，「字」的起點
3. 倉頡畫字
4. 天雨粟，鬼夜哭
5. 蝴蝶飛起
6. 深情聖蹟亭
7. 謝謝讀書神
8. 如果倉頡在臺灣

1 文字萌芽

遠古年代，人們在很偶然的狀態，在地球上發展出生命史。隨著知識的繁衍，關於人類的起源，我們可以在各種各樣的專家研究裡，發現越來越多種說法，有人說，我們是從水裡面的細胞分化出來；有人說，我們從隕石掉落下來；有人說，人類是宇宙大爆炸的意外；有人說我們的祖先是猴子；有人卻相信，我們應該是外星人的移民……。

無論我們相信哪一種說法，人類就是孤孤單單地落在地球上，和所有的風、雨、水、火、天災、黑暗一起搏鬥，而後艱辛地一路掙扎存活下來。

在地球求生的最初階段，可以說，「活著」，是一段非常可怕的歷程。天一黑，我們就不知道黑暗裡藏著什麼；雨一下，我們不知道它會淹沒多少人；電一閃，我們就不知道它會打死多少人……。

除了「撿到東西就吃」、「看到凶猛的動物就逃」、「累了就睡」、「天亮就起床」這些生活的本能之外，我們不知道外面的世界，到底是怎麼一回事？只覺得隨時隨地都有危險，樣樣藏著陰森恐怖，每一天，在驚慌害怕當中，只要有機會相遇，人們總是急著交換各種對於「恐懼內幕」的解釋。

當然，因爲沒有深入實驗，更不可能有什麼科學知識，這些「眞相大爆料」，常常都是他們自己想像出來的「靈異傳說」。所以，早期的人們，留下非常多的神話、禁忌，以及各種讓人難以相信的傳說故事，每一種東西，都有可能會變成鬼、變成靈、變成神。

火，文明的最初

他們的不安、害怕，到了一個絕對的「關鍵時刻」，一定會發生。那就是晚上。一到晚上，世界就徹底被黑暗征服，他們什麼都害怕。

就在這什麼都害怕、什麼都無從察覺的森森黑夜，也許是因爲風雨、因爲雷擊、因爲過度悶熱的太陽……，因爲這些、那些偶然的原因，可能剛好有閃電擊中倒下來的大樹，樹幹燃燒起來，終於，有人發現了「火」的溫暖與光亮。

漆黑懼怖的夜，因爲有火，就有了光，開始看得到這裡、那裡，到了晚上，就沒有那麼害怕，大家也發現生活變得輕鬆一點，再也不會到了夜裡就覺得那麼冷。

也許，剛好又有來不及逃走的動物燒烤在火焰裡，人們發現以前喝的那些冰冷的水、吃的那些冰冷的野獸，經過火烤後，變得那麼溫熟、好吃。

第一個發現火、並且懂得把火保存下來，不必再依賴大自然偶然的閃電著火，可以讓大家反覆使用火的人，吸引了一些人依附在他身邊生活，形成一個小小的部落。這個帶領著部落，爲大家保存火，提供更多安全感的聰明人，就被當做偉大的領袖，大家都叫他「燧人氏」。

「燧(ㄙㄨㄟˋ)」就是取火。就像現代文明裡，在黑暗中，爲大家點起第一盞燈的那個人，爲大家驅逐了陰暗恐懼，當然會得到所有人的尊敬，從此，這個擁有火的小聚落，從那麼遠的年代開始，讓人感受到火光的溫暖、熟食的美味，生活開始透出一種「安全而美好」的魅力，吸引越來越多人追隨，形成一個更大、更具有競爭力的部落。

想要一個家

因爲火的發現，人們不再過度恐懼，開始思考起「讓生活過得更好」的可能。

當有人發現，可以利用樹上堅固的枝幹，搭築遮風蔽雨的簡單屋宇，同時也因爲高高地架設在半空上，隔離毒蛇猛獸，避開所有黑夜裡不確定的危險，從此，人們就可以在最不安全的黑夜裡，安穩地睡一覺。這對每一天都得心驚膽顫地逃躲災難的古代人而言，簡直就算是「舒服的好日子」，很快又吸引了一些人，依附在他身邊生活，新的部落領導人出現了，大家尊稱他叫「有巢氏」。

像小鳥擁有自己的巢，當人們在「有巢氏」的教導下，懂得蓋一棟「自己的房子」，心理的滿足已經從最基本的「生命的安全」，慢慢發展到「生活的安定」。

這種「想要一個家」的安定渴望，力量非常強大，強大到他們發現各種方法，改進「蓋房子」的形式和技術。剛開始的時候，藉由山洞挖出住家；接著，把房子埋進地底，只露出一個矮矮的出入口；慢慢地，又學會在住家附近改善生活設備……。

這些部落，以「一個家」做單位，想要在無論遇到什麼困難的時候，有一個最溫暖的地方可以回去。當大家都想要互相照顧時，文明的力量，就這樣開始醞釀。

想要好好活下去

當無止盡的黑夜被「燧人氏」驅逐，爲漫長的黑暗點起了火；「有巢氏」又領著看起來很脆弱的人類，尋求基本安全的進一步保障。

看起來，這些部落領導人的「聰明創舉」，在人類文明史上，都形成巨大的躍進，不過，仔細想一想，生活中最重要的問題，好像一直都得不到解決，人們還是打開眼睛就陷入反覆的折磨中，大家都一起面臨一天中要發作很多次的「魔咒」——肚子餓。

有了火、有了房子住，對於「精神恐懼」的安定作用，效果很好，可是，對於眞實生活的改善，其實幫助不大，人們想要更充足的食物，仍然困難重重。直到有一個特別聰明的部落領導人，集結群衆的力量，馴服獵犬，圈設陷阱，匍匐、圍捕，帶著大家進入一個狩獵、畜牧的年代，除了日常所需，還學會大量儲存食物。

這眞的是驚天動地的改變，艱難的生活，總算找到眞正的轉機，人們尊稱他叫「伏羲氏」。

隨著不斷加入、跟隨的人群越來越多，「伏羲氏」成爲當時最大、最重要的部落領袖。食物忽然變充裕了，人們除了基本的溫飽之外，開始有了餘暇；也因爲共同生活的人變多、變雜了，無論是捕獵、畜牧、巡邏、築屋……，在守護一個巨大部落的安全需求下，開始有更多分工、溝通，以及組織上的各種難題要解決。

這時，有趣的問題就形成了，人們開始想要把我的意思讓你知道，把你的意思讓我知道，開始有了和別人交換意見的必要和渴望。

這種渴望，促成了文字萌芽。

2 畫圖，「字」的起點

中國歷史，從夏商周開始。在夏商周以前，只是一些充滿神話、傳說的年代。

「燧人氏」的傳說，揭示我們剛剛發現火、忽然覺得熟食好吃的年代。想想看，那時候食物多麼不易取得，人們只想著「我要吃」、「一直吃、一直吃」，生命只要吃飽就夠了。

到了「有巢氏」，區別出人和動物間，完全不同的「家園」概念。

「伏羲氏」的出現，開展出狩獵、畜牧的嶄新技術，食物充足，成爲部落拓展的重要條件，標示著「畜牧時代」的輝煌，形成龐大部落。

而後，在另一個氣候溫暖、土壤肥沃的平原區，出現一個與衆不同的部落領導人，他嘗遍百草，教導人們分別哪些植物可以農耕、哪些植物可做醫療。這種從「農作」中帶給人們的安定和幸福，一如在黑暗中人們對於神的依賴和尊敬，所以，大家尊稱他叫「神農氏」，發展出另一種嶄新的大型部落，宣告「農業時代」的來臨。

設想一下，這些不同時代的重大發明一出現，在當時，可能會引起什麼樣的變動？

再認眞想一想，在什麼樣的需求、什麼樣的條件下，需要做更深入的溝通？字的發明，究竟會發生在「燧人氏」時期？「有巢氏」時期？還是「伏羲氏」時期？或者更晚一點，發生在生活更舒適、心智更成熟的「神農氏」時期？

交流的渴望

想像著最原始的黑暗時代，能夠無災無難的活下來，常常是一種「特別的好運」。

好不容易有了火，有了屋子，有了最基本的安全和安定之後，生活還是飄飄盪盪的，每一天都擔心沒有東西吃，生活的挑戰都在於不斷重複發生的日常三餐。

直到「伏羲氏」發展狩獵技術，在圍獵需要和心理支持上，形成團體生活，還把吃不完的獵物透過畜牧、圈養，第一次，食物無缺，成為生活上最重大的進步。

一旦食物變多了，人們開始想著，到底要分給哪一個朋友？哪一個親戚，可能要多分給他一點？這是在「再也不會飢餓」的幸福保障之下，開始出現「渴望溝通」的需要，有了想要「知道別人在做什麼」，同時也「讓別人知道自己在做什麼」的願望。

除了住在家隔壁、住在旁邊，很可能就住在同一塊石頭後面的同一個洞穴裡的這些人、那些人之外，人們開始對其他不曾到過的地方覺得好奇，想和更多的別人聯結起來，開始有一些經驗和計畫，想要記錄下來，讓別人知道，也讓別人學習。

在原始年代，在「字」還沒有出生以前，人們一旦渴望交流，到底用什麼來為自己傳心聲，並且可以彼此相互溝通的呢？

有人相信，「表情」是最基本的共通語言，人們的歡喜與悲哀、善意和恐懼，甚至是猜忌與心機，好像都可以一覽無遺。有人覺得，「手勢」是一種簡單的溝通方式，不同國家、不同種族，甚至是喑啞殘疾，都可以靠手勢相互理解。看過《魯賓遜漂流記》的人，可能對「木頭刻記」印象強烈。聽過「結繩紀事」的古神話傳說的人，很可能對結繩、編織……，這些有跡可循的實物紀錄，特別有感覺。

當然，最多人、同時也是最合理的猜測，當然是從「畫圖」開始。

從「畫圖」開始

畫圖，好像是藏在我們身體裡最自然的慾望。任何時候，我們只要拿到一張紙，就可以藉著線條、藉著顏色，把什麼都收納在裡面，創造出一個繽紛、熱鬧，而且只屬於自己的「小宇宙」。

注意觀察一下，每一個人在塗鴉亂畫時，自然而神奇會開展出自己的邏輯。當我們在分享這些圖時，有時候，有人會告訴我們，這裡有一個大人，帶著一個小孩，他感冒，想去大醫院看病，這時候剛好在路上發生車禍，還有什麼，還有什麼……，講了一大堆，最後，我們只覺得奇怪，畫面上什麼都沒有，只有一團黑，他們卻這樣確定而不能動搖地表明：「那當然！因爲，現在天都黑了，你不知道嗎？」

瞧！一張塗得烏鴉黑的畫，可以經營出這麼多感覺。可以說，最早最早的原始初民，和每一個孩子一樣，他們很多很多感覺，都藉著圖畫開展出來。

伏羲時期的人們，也是從畫圖開始。

想想看，部落生活從嚴酷的自然挑戰中安定下來，不必倉皇地求生，一下子多出很多餘暇，時間變長了，可能只要認眞工作幾天，處理這頭牛、那頭羊，接著就得告訴大家，這裡有一頭牛、一頭羊，大家來分享。

人們認眞地畫羊、畫牛，說明日常生活；畫樹、畫石頭來標示位置；畫太陽、畫月亮來表現自己的觀察和好奇。因爲時間很多，他們畫的圖都很像，可能會畫很久，而且想要畫的人一定很多。我有東西要給你吃，你有東西要給我吃；我的圖給你看，你的圖給我看……。

畫圖的人，越來越多，人們辛苦捕捉著彼此的感覺，我想讓你知道，你想讓我知道，慢慢、慢慢嘗試，認眞把意思表達出來。這時，大家一定會發現，有一個人，他畫的圖特別像，特別有意思，別人看他的圖，也就特別容易懂。

伏羲時期，也有這樣一個把圖畫得很簡單，但是，特色又掌握得很清楚，足以讓大家都看得懂的「名畫家」。

大家都習慣看著他畫的圖，知道他的圖指的是什麼意思，慢慢地，畫圖就成爲這個人的專門工作。他的日常生活勞務，開始有人爲他分擔，越來越多人送食物來拜託他幫忙「畫信」，拜託他把這件事畫出來告訴那個人，把那件事畫出來告訴這個人。

這個專門畫出「字圖」的名畫家，名字就叫做「倉頡（ㄐㄧㄝˊ）」。

3 倉頡畫字

在遙遠的原始年代，任何一個發現「文明新可能」的人出現，都會形成一種特殊的「領袖魅力」，讓更多的人接近他、學習他，他也必須保護更多的人，引領一個更大的部落，尋找出各種讓生活更美好的機會。

「燧人氏」出現，大家願意聽從他的支配，享有溫暖的光和豐熟的食物；「有巢氏」出現，大家跟隨他學會搭築房子的方法；當「伏羲氏」發現各式各樣狩獵、畜牧的方法，食用的肉變多，跟著他的人也更多，為了大型部落的運作，人們必須學會聽從號令、協調分工，溝通的需要也就比任何時代還要強烈。

倉頡畫圖

擅長畫「字圖」的倉頡，就是伏羲時期的人。

這時，伏羲分配一個很重要的工作給倉頡。爲了讓倉頡把工作做好，他選出很多人，找了一條非常寬闊的河面，叫人從岸邊往河裡探，不是搭在河岸邊的平臺，而是冒著極大的生命危險，從很基礎、很基礎的河底下，搭築穩固的地基，然後一路往上、往上，搭了一個站立在河面上的高臺，盡量把這個高臺造得很舒服，然後送給倉頡住，並且分配很多人，不斷爲倉頡把食物送上高臺，讓他從此不必再爲這些生活瑣事煩惱。

每個人都在工作，有的人搭臺子，有的人送食物……這時，倉頡在上面做什麼呢？

倉頡在畫圖。在高臺上，他擁有一大片悠悠遠遠的水面可以觀察；不看水的時候，他可以回頭，望向好遠好遠的陸地；不往地面看時，還可以仰望天空，有一大片的天空在無限延伸。

所以，倉頡長期住在這裡，他所有的時間都在畫圖。

那個時代，沒有人趕時間，只要發現一件想要做的事情，他們就一直做、一直做。每次看到一隻小鳥兒，他就把小鳥兒畫下來；看到一朵雲，就畫一朵雲，他一直認眞畫、認眞畫，所有他畫過的東西，都很容易懂，人們也就學著他的畫法，把意思表達出來。

隨著「伏羲氏」這個部落的人越來越多，使用這些「和倉頡一樣」的畫法，來表示「同一種意思」的人跟著變多。

模範圖畫

當「伏羲氏」的捕獵方法越來越流行時，可能獵物變少了，也可能動物的肉吃膩了，這時，爲了解決糧食問題，另外一個部落，又出現一個很厲害的新領袖，叫做「神農氏」。

他不像「伏羲氏」的力氣這麼大，有本事獵到很多動物，但是，這個世界上，所有的聰明人，這邊比不上別人，就從另一邊想辦法。神農氏嘗試種植農作物，發現這個好吃、那個不好吃；這種能吃、那種不能吃；這些植物可以吃得飽，那些植物可以治病……，慢慢地，這些種植技術，不斷傳授給更多人，形成了一個新興部落，人口迅速成長。

當時，像這樣不同領袖、不同生活方式的小部落，其實很多。但是，無論大家主要的生活方式有什麼差異，在表達和溝通上，他們還是深受最大型部落「伏羲氏」的影響，跟著「最大多數的人」，選用的倉頡畫出來的「字圖」，可以說，在那個時代，最大多數的人想要表達的意思，都畫出同樣的圖式，倉頡畫出來的「基本樣子」，成爲當時大家一起遵循、模仿的「模範圖畫」。

從「圖」變成「字」

這些「標準字圖」，隨著使用的人越來越多，交換的範圍越來越大，不斷擴散，一直擴散下去，最後，人們就把這些可以表示各種事情和心意的「固定圖式」，叫做「字」。

隨著字的使用越來越頻繁，好像大家可以相互了解的「共同記憶」，越來越成熟了，人們在交換經驗中，把一些常常表達的「字」，慢慢簡化、確定，不再隨意更動。

大家開始試著把很多不同的經驗、不同的發現，透過字的記錄，互相交流，一起交換意見。以前，人們害怕所有不能解釋的世界。河裡稍微變黑，就以為河裡有一隻黑龍；只要天空稍微變黑，就是天上有一隻可怕的怪獸；他們不斷地害怕這個、害怕那個。

直到他們會寫字。

人們開始可以從各種不同經驗的人身上，知道很多原來不知道的事情。比如說，有一個很會游泳的人說啊！大家不用害怕，我曾經在水變得很黑很黑的時候進去看，裡面什麼都沒有，只是泥沙比較多；有一些住在比較山裡的人，就會說烏雲聚集最多最多的地方，只是雨較多，沒有什麼怪物……，就這樣，以前流傳在傳說、故事裡的精靈妖怪，一點一滴，不斷被找出眞相，科學的實證精神，對許多原來不懂的事情，提出合理的解釋，讓大家擺脫迷信、恐懼。

慢慢地，字的運用方法，越來越豐富。人們開始透過文字記錄，轉述、傳授更多在無意中摸索出來的知識和技術。很可能，有一個精於狩獵的人，想要讓更多人分享他想到的最新的狩獵方法，藉著寫字記錄下來；有一種畜牧技巧，藉著字的流傳，又被另一個人加以改進；有很多農事經驗，也是透過字，才可以條理有序地提醒自己，記取教訓，不再重複錯誤。

倉頡畫字，原來只是他的興趣，也是他的能力。但是，在越來越多人信任他、模仿他，同時也珍惜他所畫出來的每一個字時，因應外在生活多出來的時間餘暇，人們需要休閒、交際；同時也受到內在生存困境的迫切要求，大家在求生技術和資源分配上，都必須講究更密集的互動溝通，所有的人都很自然地跟著倉頡畫字，從而促成一次驚天動地的躍進。

文字，就這樣擠進人類的文明舞臺。

4 天雨粟，鬼夜哭

對於現代的我們，「字的發明」，可能聯想到的意義，會放在「溝通」與「表達」，「寫文章」是再自然不過的副產品。但是，以前的人，哪裡會想到寫文章呢？他們最喜歡「寫符咒」。

原始初民，有各種各樣說不出原因的害怕，怕房子塌下來，就貼一個符，讓它變得更堅固；以爲水裡有一隻惡龍，就在水邊貼一張符，讓牠死掉……。

他們把害怕的每件事、每樣物，都寫成一張符，慎重貼上，藉以尋求更深切的安全感。

神祕事件

因爲字的發明與流通，很多可怕的自然現象，都因爲記錄與交流而

「解密」。

住在山裡的人第一次到水邊，看到水中翻攪的濁亂沙泥，只要有訊息提早讓他知道，可能有漁人在水中捕撈，也可能是漩渦地震這些自然現象，就不會疑神疑鬼地擔心水神懲罰、蛟龍作祟；同樣地，水邊的人到了山上，雷聲震震，山崩地裂，也會有充分的資訊交流，讓大家安心，可能是季節交替的特殊現象，絕對不是地精山妖，或者是世界末日。

再加上人們在發明了「字」以後，同時又發明那麼多「符咒」，越覺得世界其實沒有那麼多駭異的怪物讓人害怕。甚至，還有一些情感特別纖細、心腸特別柔軟的人，反而替水裡的壞龍、天上的怪物擔心：「當文字發明以後，牠們會害怕我們的符咒嗎？會不會擔心我們寫信向上天告狀？」

慢慢地，大家都在傳說，倉頡發明字以後，有三件和以前完全不一樣的「重大事件」發生了：

第一件大事，水裡的妖怪不敢出來，牠怕人們用符咒對付牠。

第二件大事，到了晚上，我們總會聽到鬼在號哭，這是因爲他們怕我們寫字去跟神明告狀。

第三件大事，老天爺還覺得，人怎麼這麼聰明，發明了字耶！就下了很多小米給人類吃。

所以，有一本專門寫玄奇傳說的書，叫做《淮南子》，這本書在記錄倉頡創作文字時，特別強調，字發明以後：「天雨粟，鬼夜哭。」

直到現在，每個人一提起文字的發明，就覺得不得了啦！這是一件讓天下粟米，讓鬼晚上哭的超級大事。

靠近真相

只要我們認眞想一想，這三件神祕事情的眞相，可能都很簡單。

原始初民在沒有文字以前，沒有任何人曾經記錄下他們發生過的所有事情，他們只能害怕。有了「字」以後，人們寫字告訴別人，這種情況這樣、那種情況那樣，所以，無論到哪裡去，防備方法變多，危險變少，心裡的恐懼一降低，也就不像以前一樣，到處覺得鬼影幢幢。

這是因爲「知識就是力量」。當我們充分準備以後，對於「不確定的危險」，就有比較從容的力量可以應付。當大家膽子剛剛變大時，並不知道這些「科學解釋」，只是很單純的覺得，無論到深山、或到水裡，危險變少了，他們就以爲山中的精怪和水中的妖孽，都害怕「字的符咒」，全都逃躲起來了，其實不是，是人類見識慢慢開闊，解決問題的方法，變得更靈活了。

第二件事情，爲什麼鬼要在晚上偷偷地哭呢？因爲以前晚上是「人在哭」，我們非常怕晚上，現在有了字，有很多經驗被留下來，所以我們不會覺得很可怕，因爲不覺得這麼可怕，我們對這個世界的異質聲音，越來越不怕，反而就會顚倒過來，想像鬼在怕我們，會覺得「鬼在哭」。

無限想像

至於第三件事情，很可能在很遠的部落，人們開始種植。

還記得嗎？「伏羲氏」開啓一個狩獵年代，不過，打獵就是這樣，在夏天的時候，萬物滋長，隨便就可以打到許多動物，但是，到了秋天、到了冬天，越來越沒有東西吃，慢慢地，人們就會覺得這樣的日子也不是方法，開始學習收藏動物的肉。

這樣一年四季一直吃著這些油膩、腥羶的肉，人們又想要多一點變化，開始想要吃不一樣的東西，就好像每天吃肉的人，在很膩的心情下，偶爾想要吃點素。於是，有一個部落領袖，試著吃這種植物、那種植物，直到確定哪些植物是好吃，而且值得推廣種植，他讓人們的飲食，多出更多選擇，跟隨他的人尊稱他爲「神農氏」，慢慢地，他們發展成一個直追「伏羲氏」的大型部落。

伏羲生於甘肅天水，葬於河南淮陽；神農生於陝西姜水岸。

他們的生活都繞逐在宛轉曲折的黃河流域。黃土高原地形高，黃淮平原地形低，也許，曾經有「龍捲風」或其他特殊的天候氣象，把「神農氏」部落的植物捲啊捲地，掉進「伏羲氏」部落的領地，大家撿拾著穀物，開心極了，都覺得是神送的禮物，哪裡想像得到，那只是地形上、氣候上的一個特殊狀態。

這種特殊的狀態，全世界都一樣。在西方傳統，那些不敢相信的事發生了，他們就用「下青蛙」、「下魚」做爲意象來表現。湯姆克魯斯提名奧斯卡金像獎的電影《心靈角落》和大衛．威斯納的《瘋狂星期二》，都曾經下起「漫天青蛙雨」，把生命的各種「不可能」，都當做一種想像的禮物；還有一本解釋氣候現象的書，書名就叫做《漫天蛙魚雨》，一本正經地用氣象學解釋「下青蛙」、「下魚」……這些我們不能理解的氣候現實。

漫天下小米和下青蛙、下魚一樣，很可能只是氣候、地形形成的結果，只是這個氣候現象，被人們解釋成「上天的旨意」，甚至預言了因爲文字掀起的重大變革。

這就是人類想像和猜測所帶來的無限可能，很有趣吧？

5 蝴蝶飛起

放過天燈嗎？想一想，當天燈冉冉飛起，載著我們的期盼，飛到最遠最遠的天上時，自己最想要寫在天燈上的願望，究竟是什麼呢？

有沒有發現，這些年，不知道是不是因爲這個世界有太多不和平、不理性的喧鬧了，很多人在放天燈許願的時候、很多團體在年度紀念的祈福儀式、很多國家在重大節慶典禮上的莊嚴宣告，都喜歡用「世界和平」，做爲最後的願望。

為了和平幸福

眞正的世界和平，究竟是什麼樣子呢？

讓我們來仔細看看「和平」這兩個字。「和」由「口」和「禾」共同組成，讓每一張嘴巴，都有食物，大家就會覺得一切和順。

至於「平」這個字呢？東漢許愼寫了一本很有名的字書，叫做《說文解字》，告訴我們，「平」的意思就是：「氣都舒張開來了」。瞧，我們把「平」這個字拆解開後，可以發現它由「八」和「干」組成。「干」是平臺；「八」的形狀，純粹在模擬「分開」的樣子，任何「人」哪、「事」啊，各種各樣的「物」，或者是一些想得到和想不到的「煩惱」和「糾紛」，根據均衡原則，有秩序地安排，再用溫和、理性的態度，進行分配、分配、再分配……，只要一路講究「公平」，就不會有太大的衝突和痛苦。

很久以前的生活就是這樣。人們有了「豐富的食物」，接下來，最重要的原則就是，分配公平。伏羲氏帶領著大家，發明了很多打獵、捕魚的工具和方法；神農氏又爲大家嘗盡百草，發現種植和醫藥的祕密，每一張嘴巴都得到食物，每個人都得到溫飽。

當時，安定下來的部落，剛剛學會用文字溝通。相互珍惜的人們，從黑暗、恐懼、飢餓的世界裡，慢慢走向一個溫暖安全的世界，這就是簡單而讓人羨慕的和平幸福吧！

這樣的和平幸福延續下來，大家對「從前的人」、「從前的努力」，充滿了感謝，所以，他們膜拜伏羲氏、膜拜神農氏，膜拜爲大家發明字的倉頡，把所有爲大家付出努力、做出貢獻的每一個人，當做「神」來表示心裡的敬意。

這些「神人」，經過反覆傳說、反覆強化這些偉大的人不可思議的力量，慢慢地，人們就開始想像出很多「應該是這樣吧？要不然，他們怎麼可能這麼厲害？」的神祕解釋。

神人倉頡

傳說，倉頡造了四萬四千九百零八個字，他以這些字做基礎，寫下各種參考資料，讓做官的得到啓示、讓老百姓得到照顧，人們在感謝中，越來越相信，倉頡不是一般人，他和我們不一樣。

整天關在高臺上「畫字」的倉頡，見過他的人本來就不多，再加上那個時代又沒有電視、報紙，大家只能靠著口語傳說，想像著他長得像什麼樣子？有人就說啊，倉頡長得像龍，神龍不見首尾，來去匆匆，要不然，他怎麼可能畫出這麼大的世界裡的每一件事情？也有人說，倉頡有四個眼睛，要不然，他怎麼可能看得到這麼多圖像細節？

長得像龍，又有四個眼睛的倉頡，隨著時間流逝，慢慢被「神格」化，好像離大家越來越遠了。為了讓倉頡這個「神人」，更具有人性，讓大家覺得很親切，喜歡他的人們，又為倉頡的故事，注入很多足以讓人相信的「現實細節」。

傳說中，倉頡從小就很會畫畫，當別的孩子們喜歡養小狗、小貓的年紀，他養了一隻「靈龜」。很多人都會猜測，長期生活在水邊的倉頡，只要想發明「和動物有關」的字，第一個應該是「魚」吧？沒想到，他為水生動物所發明的第一個字，居然是「龜」，因為他每天陪著小靈龜，無聊的時候，就逗著牠玩，細心觀察烏龜的殼紋，畫啊畫地，把這隻小靈龜畫得精簡、生動，傳神極了。

在安靜的高臺上，很少人來打擾他，只有小鳥兒，自由自在地纏繞在他身邊。性情和善的倉頡，從來不驅趕小鳥，高臺上的食物又多，簡直是「小鳥們的天堂」。高臺附近，總有這麼多小鳥兒飛翔、落下，翩然遨遊，一點都不怕他，他日以繼夜觀察著小鳥的飛翔靜息，精確地掌握住精細的筆畫細節。

大家應該都猜到了吧？天空裡的動物，倉頡第一個發明的字，究竟是什麼呢？

蝴蝶的使命

在傳說故事裡，一方面用龍形四眼，來強化倉頡的偉大；又放大他細心觀察的靈龜的殼紋、小鳥的形跡，率先發明出「鳥」和「龜」這兩個關於動物的字，來表現他的無限愛心。

他這樣溫柔，又這樣偉大，就像聖人一樣。隨著流光悠悠，時間拉長，倉頡就多了很多不同的名字。有人叫他「制字聖人」、有人叫他

「制字先師」，有人又直接點出他的名字，叫他「倉頡先師」、「倉頡聖人」、「倉頡至聖」，還慎重珍惜地把他發明的字，叫做「聖蹟」，並且在每一個越來越多人居住的地方蓋「聖蹟亭」，將寫有文字的殘書或廢紙，誠心誠意地集中焚化。

焚化的紙灰，最後將翩翩飛起，飛向天空。根據傳說，這些紙灰，在冰涼的雲端，將化身爲一隻又一隻美麗的蝴蝶，又再升高、升高……，直到在最高、最高的雲端，在最莊嚴、最寧靜的神靈世界，和倉頡相遇。

每一隻拚命翱翔的蝴蝶，這時才能鬆下緊繃的奮鬥，誠懇而謙卑地向倉頡報告：「我在人間，很努力地盡了做一個字的本分，沒有亂寫、沒有亂用，沒有辜負你造字的心意。」

漫長的流光走遠，倉頡就這樣守在高高的雲端，看著我們，希望我們珍惜每一個字，因爲，字是活的，是一種我們需要慎重相待的靈魂，必須爲更多的生命服務。

每一次，當紙灰飛起，當我們看見每一隻蝴蝶翩翩翱翔，當「錯字」、「別字」和「火星文」也跟著滿天飛的時候，我們也要想一想，蝴蝶啊！牠現在遇到倉頡的時候，到底要怎麼說呢？

6 深情聖蹟亭

很喜歡看著每一個人在剛學會拿起筆的最初，珍惜每一張紙，珍惜寫下來的每一個字，珍惜自己所經歷過的每一件生命紀事。

我們完成的每一幅圖、每一個字、每一張紙，都會讓人聯想起，很久很久以前，久到幾百年、幾千年前的人們，也這樣慎重對待每一個字、每一張紙。

萬物有靈

在文明還不是那麼繁華發達的時候，人們擁有的很少，對每一件事情的反覆珍惜，顯得更深刻。那時候，書籍流通不易、知識取得困難，有機會讀書、認得幾個字，都是難得的福分，所以，人人敬字惜文，對於廢字、片紙、殘書，都帶著虔誠的尊敬，以及深情的捨不得。

因為「少」，我們反而變「多」、變「豐富」。大家都認為萬物有靈，有字的紙，具有我們不能侷限的靈性，絕對不能任意毀棄。

早期的華人，為了表示敬天惜字，特別建造出一種造型特殊的「惜字爐」，比廟裡燒金紙的香爐還要細、還要長，造型雖然各地有一點小小的差異，基本上，都像一個「蓋了很多層的亭子」。

設在最高的亭頂，設置供奉主神的「神龕」，祭祀倉頡、魁星這些「文神」；匾額上寫著「聖蹟亭」、「敬聖亭」、「敬字亭」、「敬文亭」等說明。有時候，為了強化「惜字爐」的意義和作用，會凸顯出像「**過化存神**」這種充滿敬意的說明文字，做為識別裝飾；準備燒字紙的焚燒口，兩旁一定會題寫詩詞對聯，像門聯，精巧地妝點出一個小小的門面。

整座亭子的飛簷，由下而上，依次漸層從大而小，維持著穩定的造型，看起來很像一座縮小版的「塔」。有一位很有名的神話研究專家，叫做王孝廉，他特別指出：「人類造塔，是為了連接斷絕的天空與大地，塔是一種無限向上、無限延伸、無限循環的象徵，成就人類企圖脫離凡界而上達天界的慾望。」

所以，惜字亭通常都被尊稱爲「聖蹟亭」，人們相信，亭中有一種神奇的聖靈力量。

過化存神

「過化存神」這四個常常刻印在聖蹟亭裡的字，就是一種從「凡界」到「天界」的歷程。

「過化」指的是把字紙送進亭中，在火堆裡焚化；當字紙經過火化後，仍存在文字的神靈能量，這就是「存神」。

過化存神呈現出一種生命轉換、聖靈永遠存在的力量。還記得「燧人氏」在黑暗中爲大家帶來火的溫暖嗎？那是一件多麼充滿希望的大事！西方的傳說也是這樣，連哈利波特面臨霍格華茲學院魔法競技的「三巫鬥法大賽」之前，也必須先通過「火盃的考驗」，預先做資格篩選。所以，「火」在很多宗教信仰裡，常常具有無比的神聖靈力，好像，俗世物質經過火的焚燒轉化，就可以變成神靈可以接受的形式。

藉著字紙焚燒，人們燒出一種「悲天憫人」的情懷，透過裊裊煙氣，彷彿可以連通天地，提醒人們，時時刻刻珍惜文字和知識，同時將人類祭惜字紙的觀念傳達天庭，祈禱上蒼能夠了解人類的敬意，庇佑人間，讓大家隨著知識的累積、文明的進步，可以越過越幸福。

這是一種生命願望，也是一年又一年、一代又一代累積下來的文化涵養。

字的旅行

在明、清之際，中國大陸的各種惜字、敬字的風俗，隨著墾荒腳步，漸漸移入臺灣。

在那個遙遠的拓荒時期，能夠識字的人不多，識字而又能寫字的人，在埋進文字世界時，可以擁有一段短短的「想像時光」，暫時脫離辛勞、痛苦的時光，彷彿有一種莫大的幸福和希望，藏在每一個字裡。一座座惜字亭、惜字塔，就這樣陸續在臺灣南北各個不同的角落出現，其中以書院、文昌廟以及文人雅士所建的園林，最常看到聖蹟亭。

人們珍惜每一個字，連寫著字的每一張紙，也得到溫柔慎重的照顧。很久以前，人們還會小心地撿拾菸蒂，送進惜字亭，因爲香菸上寫著「吸菸有害健康」，這也是一種「字的神靈」對大家的心意啊！

後來，知識越來越普及，認得字、會寫字的人越來越多，加上「廢紙回收」的觀念興起，人們不再相信字紙具有「神格」，也不再期盼字的神靈會帶給大家什麼祝福和保祐，聖蹟亭慢慢沒落，因爲沒有保養，每一座小亭子斑駁傾頹，目前在全臺灣，僅剩下二十座左右。

幸好，這世界還有很多深情印記，在每一個小小的地方，灌注心意，永遠生生不息。即使大家不再像以前那麼相信字的神靈，不再小心翼翼地守候每一個字、每一張紙，還是有一些人，想要保留對字的溫柔情意。

臺北曾經推出客家節，爲「聖蹟亭」做專題；龍潭的聖蹟亭，規模很大，保存得最完整；大溪蓮座山觀音亭的魁星樓，精緻小巧，在考前有成千上萬的考生來這裡虔誠祈禱。

美濃這個地方最有趣了！人們把聖蹟亭視爲一艘船的煙囪在冒煙，守護著文明這條船，一路航向光明未來，並且發展出惜字組織「美濃聖蹟會」，在正月初九「天公生日」這天，發起「送字紙日」，身著藍衣，準備牲禮果品，在水邊送走一年來的紙灰，恭頌「聖蹟文」，祈禱河伯水官相助，進行放生儀式。

有機會，想不想爲自己安排一趟「字的旅行」呢？

看看聖蹟亭，燒燒字紙蝴蝶，想像，並且深刻感受，這一個又一個化成紙灰蝴蝶的字，也在一場悠遠的「字的旅行」中，完成它最豐富的生命使命。

7 謝謝讀書神

千百年來的漢民族，都相信「字」是倉頡為我們留下來的聖蹟。在無形的信仰裡，有一種「**敬字文化**」，教育著我們，一定要珍惜文字、尊重知識，還會有一些很特別的忌諱，形成生活上的制約。比如說，絕對不能直接跨過書，要不然，以後、或者下輩子，就會變成瞎子，不是「看不見」，而是「不識字」，想想看，這整個世界的繁華，如果我們不識字，是不是就會變得悲慘、黯淡？

還有啊，我們對於字、對於讀書、對於文化，有一種本能的豐沛想像，在我們居住的地方，留下很多證據。當我們看見尖的山，喜歡叫它「筆鋒山」；看見圓的山，就叫「筆架山」；看見沒什麼特別的山，還可以叫它「文峰山」；還有很多人，喜歡在自己生活的世界裡，無論是公共空間，或者是私人書房，一找到機會，就會蓋一些「文峰塔」、「文星苑」、「文華樓」……這些充滿「文學想像」的特殊地景。

我們也相信，人生的機會，藏在「一命、二運、三風水、四積陰德、五讀書」。瞧！讀書有多重要，居然足以和命運、風水、積德一樣，具有改變一切、讓生活變得更好的力量。

隨著我們認字，讀書，考試，生活被很多「分數」的壓力、「及格」的約束，以及一次又一次「上榜」、「落榜」的忐忑折磨，壓迫得越來越沉重，我們開始期望，生命有更多光亮，所以在想像中，創造出更多美麗的出口。

越來越多人相信，有很多掌管讀書、考試的知識神、智慧神，可以在沉靜的神靈世界，護佑我們，讓我們眞正享有讀書的幸福，掙脫考試、競爭的痛苦。

魁星爺

在傳統習俗裡，與讀書和考試最有關係的神靈，當然是「文昌神」。

文昌神又分成兩種：一種是天上的星辰，魁星；一種是東晉人張亞子，後來被稱爲「文昌帝君」。

中國最早的文昌神，是二十八宿中西方七宿的第一星「奎星」。而後，排在北斗七星的第一星「魁星」，變成「第一名」的象徵，因爲人們都喜歡第一名，「魁星」的名字，越來越受重視，慢慢地，「魁星」就取代了「奎星」。

我們仔細看「魁」的字形，「鬼」踢著「斗」。根據這樣的字音字形，擅長運用想像、滿足自己的遺憾和願望的漢民族，又「創造」出一個紅頭髮、藍臉面的「魁星」形象，站在鰲頭上，一腳向後蹺起如大鉤，一手捧斗，另一手執筆，這就是「魁星點斗，獨占鰲頭」的神祕圖像，具有祝福大家「高中狀元」的象徵意義。

根據民間傳說，魁星爺生前雖然滿腹學問，可是，和很多讀書人的「悲劇命運」一樣，逢考必敗，到最後他悲憤投河，想不到，又被鰲魚救起，鼓勵他不要氣餒，在挫折中要更勇敢、更認眞，最後，他還升天變成魁星，守護著所有認眞讀書的孩子。

也有人把「踢腳」、「捧斗」、「執筆」這些和星辰、讀書有關的形象，活靈活現地具體編織出痲臉、跛腳的魁星爺。當他高中科舉時，皇帝殿試問他，爲什麼長成這樣？他自信而坦然地回應：「痲面滿天星，獨腳跳龍門。」

這種勇氣，不但折服了皇帝，也成爲世世代代讀書人勇氣和信心的來源。

一直到現在，還有很多人喜歡在宗室廳堂供奉魁星爺的塑像或畫像，除了祈祝考運亨通，也可以向人誇耀，這是一個具有悠長傳統的書香門第。

文昌神

至於文昌帝君張亞子，又稱梓潼帝君，在人間輪迴過七十三世，每一次都能做到孝親慈愛、積德行善，爲官清廉，爲國忠勇。後來，天帝任命他做「文昌帝君」，專門管理人間「鄉舉里選」，監察每個鄉，要舉報出什麼賢德、孝廉的讀書人；或者是一整個里，究竟要如何選出最好的人才，做為大家的示範，同時也可以為更多的人服務；還要「封贈奏予」，讓賢能的人，得到封贈、受到肯定，被更多的人尊敬。

元明以後，隨著科舉制度的規模化和制度化，文昌帝君「鄉舉里選」和「封贈奏予」的功能，越來越重要，當然，奉祀祂的人也越來越普遍。

時代的進步，有一個特別的地方，就是我們都喜歡「越來越多」，好像「多」就可以帶來更有保障的幸福。慢慢地，讀書神也變得更多了，有人將文昌帝君、魁星、朱衣星君、關聖帝君關公、孚佑帝君呂洞賓，合稱為「五文昌」，加起來一起敬拜。

除了「文昌神」以外，制字先師倉頡、至聖先師孔子，也是我們熟知的讀書神，常常成為文昌祠、文昌廟的主神。

還有一些歷史人物，因為對教育的貢獻很大，就像古代的人「為了感謝倉頡就把他當做神」一樣，有一些奉獻教育、致力興學的讀書人，也升格變成神了。韓愈在嶺南潮州大力興學；朱熹生於福建龍溪，建立理學閩派，在江西廬山五老峰南麓創辦白鹿洞書院，這兩個「古代的校長」，深受尊敬，所以，「文昌廟」常在客家地區陪祀韓愈，閩南地區則陪祀朱熹。

送給讀書神的禮物

面對這麼多的讀書神，我們在祈求考試、文運時，就會準備很多祭品當「禮物」。

分享這些禮物時，我們更能理解藏在漢字裡的美麗與豐富，通過「字的聲音聯想」，我們賦予這些字，更多的象徵意義。比如說，榮譽榜通常都用大紅紙張貼出來，所以，我們要拜「豬腳」表示「朱」榜第一；拜「雄雞」，報曉的雞啼用來表示「翰林佳音」；拜「魚」，可以期待「魚躍龍門」；拜盛產於「春」天的「管」狀魷魚，諧音「春官」；拜糯米灌成的灌腸，代表文「冠」全「場」……，這些都是和考試有關，讓人一聽就跟著開心起來的吉祥話。

當然，我們提過，時代的進步會讓這世界我們所看到的、所知道的、所使用的一切，都變得「越來越多」。到了現代，因應各種升學考試、公職人員考試，我們還是很需要讀書神的保護，所以準備更多具有「諧音象徵」的禮物。拜「芹菜」懇求「勤勞」；拜「蔥」求「聰明」；拜「粽子」期望「包中」；拜「蒜」祈求「算」術高分；拜「鳳梨」盼望「旺來」……。

這些形形色色的現代祭品，給了我們希望，也讓我們在疲倦、焦慮的生活中，生出一點點「幸好有讀書神在保護我們」的溫暖和安心。

8 如果倉頡在臺灣

翻到一本喜歡的書，很開心的時候；考試前，熬夜開夜車的時候；成績不夠理想，不得不在擁擠的教室裡加強補習的時候……，在這麼多和字、和書，不得不糾纏在一起的時光，會不會忽然很想知道，字，眞的具有神靈嗎？世界上，眞的有讀書神嗎？如果眞的有讀書神，讀書、考試、一天又一天上學的日子，是不是就可以變得有趣一點、快樂一點？

從小到大，我常常這樣希望。

長大以後，也就認眞守護著讀書神的小小焰火，希望可以讓更多人，在疲累、傷心、痛苦的時候，還有機會相信，世界上眞的有讀書神，陪著我們，讓我們過得更快樂。

我們一直以爲，擁有字、認得字、會寫字，是一件再自然不過的事，其實並不是這樣。倉頡造字，建立一種「依賴資訊」用來理解世界離形的方法，這是一件驚天動地的大事，因爲字的發明，倉頡在神話裡，才變身成傳奇的聖人、神人。

傳說倉頡永遠不死。他不只是「字的神靈」，同時也是我們的「守護神」和「讀書神」。

解決時空落差

如果倉頡不死，我們有沒有機會，在現代社會裡，重新遇到倉頡呢？爲了強化我們和「字」、和「倉頡」之間的親密聯繫，我們是不是還可以認眞再想一想，究竟，要怎麼找出「遇到倉頡」的各種可能呢？

像任何一部偵探小說的主角，認眞在尋找破案縫隙，當我們想要「突破案情」時，也要先找出解決「和倉頡在一起」的兩個關鍵點。首先，倉頡是古代人，如何「**從遠古到現代**」？接著，再想一想，倉頡活在中國大陸，如何「**從大陸到臺灣**」？這兩個重大的時空落差，究竟，要怎麼聯結起斷裂的時空，超越地理上的兩岸阻隔和時間上的古今隔閡呢？

在不可能的地方，創造可能，這就是「文學想像」最迷人的地方。

最簡單、又最有效的方法，就是活用「大自然的千變萬化」。直接轉用倉頡喜歡在水中探巡物象的特徵，讓他捲入漩渦中的時空洞穴，直抵現代臺灣。或者，藉由天下大雪、山崩、海嘯、流沙、具有神奇保存能力的有機土崩塌……這些自然背景的變動，全面覆埋，把整個遠古凝固成「標本」，直到千年後，因爲氣候異變、中共核爆、世紀大火、巨型戰爭……各種不同的理由，地貌移動，土質迸裂，人物復甦，經歷過各種偶然與巧合，倉頡抵達臺灣。

奇幻文學流行以後，新興的「日常幻術」，依附在日常器物裡，以一種既眞實又魔幻的神奇活力，賦予倉頡再生。如果孩子們走進衣櫥，就會跨入獅子和女巫對決的「納尼亞王國」；在英國倫敦王十字站，如果剛好遇到好運氣，進入九又四分之三月臺等車，就可以直達哈利波特的霍格華茲學院，那麼，CD音響爆出巨響，亮光閃個不停，接著走出倉頡老人；在倉頡畫展現場，有雷電直接打中一幅畫，在迷離閃爍中，倉頡帶著畫中的靈龜、小鳥，一起走出畫框……這些今古交錯的神祕瞬間，應該也都是可能的吧？

現代和古典交錯的想像世界

當然，「現代化的科技」和「古典的傳說」，常常也伴隨著「觀察」和「想像」，接續創造出驚奇有趣的各種可能。

科技的進步與疏失，在我們的想像中同步開展。很可能有人會從科學家的爭吵與辯證中，跌入不能控制的時間縫隙，與倉頡相遇；也有人在時空實驗中無止盡飄移，和倉頡倉促而無從交流的瞬間交會；有人深深相信，總有一天，科學家會發明安全的「時光機」和倉頡相見；有人預言，最先進的科學研發小組和最傳統的人類考古探險學者，得有機會，結合古文明的深邃神祕和現代生技的精密實驗，攜手發明「復活藥」，讓倉頡在任何一個地方復活。

最後，回到古典傳說，和古老、神祕相關的各種傳奇故事，永遠充滿「夢想成眞」的魔力。比如說，倉頡既然修煉成仙，早就突破人類極限，當然可以想到哪裡就到哪裡；也有人相信，倉頡仍然在伏羲氏爲他搭築的高塔上，繼續做研究，直到雷擊後時空移轉，取得海龍王的「月光寶盒」，渡海移居到他心目中最美麗的世外桃源，臺灣。

說不完的故事

只要相信倉頡不死，我們就擁有一位深情陪伴在我們身邊的「讀書神」。

當我們試著從不同的角度幻想一下，遙遠的倉頡，怎麼來到現代、怎麼來到臺灣，如何和我們相遇，又將發生什麼樣的故事，不是很好玩嗎？像小學五年級的游碩恩，年紀小小的，卻從大陸到臺灣，從古代到現代，設想出這樣一個橫跨兩岸、兼顧時代變革的故事：

天上的神仙，爲了感謝倉頡發明了字，讓他帶著記憶投胎，可以一直在字的研究上，繼續對人類做出更重大的貢獻。沒想到，數千年後，他投胎再生，卻發現大陸到處都是簡體字，連聯合國都從二〇〇八年開始以簡體字取代正體字，做爲標準中文。他太生氣了，想想看，如果我們都只懂得簡體字，到了故宮，那麼多書畫國寶，我們都看不懂了，怎麼辨呢？最後，他決定坐飛機飛到臺灣，這裡，是守護他辛苦畫出來的「字」，最後、也是最美麗的堡壘。

這個故事很有趣吧？像一部小小的紙上電影，有懸疑、有衝突，聯結前世今生，又摻入國際情勢，更難得的是，在他虛構的「想像世界」裡，裝進一個無邊寬闊的「現實人生」，加入正體字和簡體字的交鋒，展現出我們對文字演變的關心和擔心，讓我們忍不住跟著擔心，如果我們都只懂得簡體字，以後在書畫上的題字，是不是會變得古裡古怪，喪失了文字之美？

是不是只要我們能夠，對字多一點感覺，對倉頡多一點感謝，那麼，我們每一個人，都會生出渴望，想要守護這些充滿形音義豐富變化的字，想要也寫一篇〈如果倉頡在臺灣〉的溫柔紀事？

也許，這就是我們種植在字裡，用各自不同的角度，延伸編織出來的「永遠說不完的故事」。

卷三

我們一起來唱歌：文字的浪漫

1 從一條河開始

如果我們眞的能夠做到，對字，多一點感覺，不只是遙遠的文明，還有更多近在我們身邊的山川大地，這些永遠不會變動更迭的溫柔存在，提供了一個豐饒的「想像土壤」，充滿了各種「說不完的故事」。

所有的歷史、人文、地景，同時在我們穿走過的記憶裡，刻畫出美麗的疆域。可以說，土地的印記一如生命的印記，每一縷刻痕，都是「我們曾經這樣活著」的證據。

土地，決定了我們怎麼生活

我們的生存空間，常常決定了我們的生活和記憶，土地，決定了我們怎麼生活。比如說，一個地方，如果湧出一泓永不匱乏的泉水，日久就會在傳說裡形成「仙水」、「仙山」；一顆帶著一點點臉型想像的石頭，會變成「慈母石」、「觀音石」；一個腳印，往往鋪陳開歷久彌新的「仙跡岩」……，這就是地景對人文的影響。

同樣地，我們的生活、我們的心情，我們創造出來的記憶，也會回過頭來影響土地的故事。同樣看一座山，貧窮而需要存活下來的偏遠地區，很自然地，會把這座山看成「乳姑山」，期待著豐沛的乳汁，那是所有滋養與豐沛的起源；到了富庶一點的生活圈，就會賦予文明的期望，像「觀音山」、「筆鋒山」，甚至更文明一點的「文華山」，穿插著知識和信仰的力量。

這種不斷在變化、不斷在相互影響的「空間硬體」，和我們的「生活軟體」，常常緊密地關連在一起。

第一批漢字，就依存在過去生活著的每一吋土地，慢慢被記錄下來。隨著字的綿延，一個字、兩個字、三個字……，隨著這些字記錄下來的文明，我們可以想像，整個中國大陸地圖，整個華夏民族的印記，東有東北、沿海，西有大塊的新疆、蒙古、青康藏高原……，曲曲折折盤在地表上的，還有「黃河」、「長江」，以及慢慢蜿蜒連接起來的「萬里長城」，這大概是我們所能理解的中國。

無論是龍的傳人、中原文化，各種象徵圖騰……，我們記得的關於「中國」、「華夏」，關於「稻米民族」的源頭，有很大部分，就是從黃河、長江延伸出來的歷史。尤其是據領陸塊中央的黃河，浩浩蕩蕩，彷彿還可以聽到李白在一千三百年前吟哦：「黃河之水天上來，奔流到海不復回……。」

只要多一點關心和了解，我們就會發現，關於人的故事，多半沿著一條最容易氾濫的河在開展。恆河是印度的聖河；尼羅河的氾濫，形成埃及平原的肥沃；底格里斯河與幼發拉底河的沖刷，造就美索不達米亞的文明……。黃河也是這樣，在最初、最初的時候，在充滿偶然的狀態下，人們靠淹沒帶來的營養開始存活下來。

生命就是這樣，所有的滅絕裡都帶著生機。

聽水在唱歌

認眞去看「河」這個字，在「水」部的基礎裡，藏著「可」的聲音。

「可」的古字，寫成這樣：「」。一個「口」字，依傍在長長彎彎的「神桌」邊，用來表現「在神明之前歌唱」那種纏綿曲折的情味，有很多人都認爲這個字就是「歌」的古字。

很長一段時間，在中國，「河」就代表「黃河」，這是在漫長的遠古時間，人們感謝黃河而又畏懼黃河，延伸產生的一種「爲水歌詠」、「聽水在唱歌」的深沉情懷。

循著這條河，彷彿標出一條「時間線」，隨著悠悠流光，一點點、一點點地慢慢回溯，回到幾乎可以想像得到的「歷史現場」，慢慢推回到一千年前、兩千年前、三千年前……，還原到最早、最早，我們對這世界的試探、理解，以及任何版圖確定，都還不能充分理解的時候，接著，我們才能放下僵化的現實限制，坐著一葉窄窄的「流光小舟」，悠悠忽忽，回到從前，回到三千年前的原古初始。

在字的發明以前，在文明成形以前，原始初民對所有生命的來源，諸如為什麼會下雨、為什麼水會往東南方流？為什麼有人？為什麼有這個、那個……。彷彿世界如晦暗蓁莽，為了解釋這無邊無涯的「為什麼」，充滿幽微想像的浪漫神話，就這樣流傳下來。

這時候的人們，活在窄窄的一小塊土地上，沿著一條河，布滿一個又一個小部落，充滿各自不同的幽暗摸索。生活在這些小部落裡的人們，無論痛苦或快樂，都是小小的，所有的時間，都為了要活下來而努力，很可能一整天磨啊磨地，磨啊磨，磨了一整天，石頭只被磨平了一點點，第二天他們又磨啊磨，磨了一個禮拜、兩個禮拜，把石頭磨尖了；接著再用一個禮拜、兩個禮拜的時間圍捕狩獵，好不容易抓到一頭羊，就靠那一頭羊活了幾天，接著再繼續工作、飲食。

可以說，那個年代的人，脾氣、情緒，甚至情愛都很少，唯一最重要的工作，就是要「活著」。依存著「活著」的願望開展出來的這片土地，一條河，成為活著的必要條件。

只有充分理解這些背景，我們才能精準而從容地打開文字成形、文明初生的年代，回到一個傳說與文明交錯，文化的掙扎和衝突都將重新開始的小小時空裡。

2 看見一座山

在三千年前的遙遠古代，人們所能理解的「世界」，就只能抵達黃河從黃土高原流向黃淮平原的小小轉折。

這個河的轉折，就是「首陽山」。

迎接陽光的山

如果我們對字多了些感覺，當然可以感受到，山的名字把「首」和「陽」加起來，就是第一個看到太陽初升的地方。

這座首陽山，可不是平凡的八百公尺、一千多公尺的山，這是一座兩千多公尺的大山，在這裡，還算是最矮的山，從西而後，宣告所有的山都在往上拔高，等於是山的領隊。

黃河為什麼會在這個時候，形成這麼大的轉彎呢？就是因為這裡有連綿的大山。

「山」這個字，在古人的字圖裡，人們把它畫成「」，它很少單峰存在，總是相續不絕。所以，常常成爲地區和地區相互交流的障礙，但是，同樣地，也常常成爲一個又一個部落獨立生活的安全保障。

傳說，最早占據歷史舞臺的「商」，生活在首陽山往東；而日後取而代之的「周」，就生活在首陽山往西。

周朝跟商朝的交接，這最重大的轉折點，就在首陽山。

當商朝在首陽山往東這塊最肥沃的土地上生活時，因爲富庶，慢慢形成政權的腐敗。不過，認眞想一下，當時的部落很小，相對地，腐敗與傷害也顯得很小，紂王除了迷戀妲己之外，仍然如常運作著一個國家，人民也依舊得到安定和保護，所以，紂王死不過三十年，人們就開始懷念起所有商朝的一切，這時，國家的存續就會有一些選擇上的差異和動盪。

讓我們重新再回到首陽山，想像一下，當時占據水邊的一定是比較富庶的部落，最強勢的部落一定在水邊；比較弱勢的，比較貧乏的、比較沒有強烈戰鬥力的部落，就會集中在山區。

沿著首陽山邊，有個國家，叫「孤竹國」。以前的「國」，都是一個又一個小小的部落。孤竹國這個地方所以會在歷史上變得這麼有名，是因爲這個國家出了兩個人格崇高的兄弟，一個叫「伯夷」、一個叫「叔齊」，他們住在首陽山，這個黃河東流的轉彎處。

開新與尊古

當武王準備伐紂時，他得越過黃河，一定得越過首陽山。

在「武王伐紂」的過程中，伯夷、叔齊，同樣也成爲一個「必須橫越的中界點」。他們跪在馬前，要求武王不可以伐紂。當體制崩壞時，總會有一些人搶著維護，他們渴望一種「中流砥柱」的力量，永遠維持在那裡，只是每個人都選擇了不同的方式。

武王用一種「開新」的方式來宣告我們想要好好活下去；伯夷、叔齊用另外一種「尊古」的方式，宣告我們想要好好活下去。

武王選擇「伐紂」；伯夷、叔齊選擇「不食周粟，餓死於首陽山」。

這種歷史對照，宣告了人類，尤其是沿著這條河的民族，常常站在「選擇的兩端」拉鋸，我們最重要的學習，絕對不是去選邊，執著於找出正確答案，一定要說個明白，到底誰做得對？反而是帶著寬容與同情，認眞去了解不同的位置、不同的視角、不同的觀點，他們的選擇，爲什麼這麼不一樣？

我們應該高興的是，歷史的力量，這樣兩兩相對地，一路在牽制、平衡，所以，我們才有機會不斷進步。

好像在身體裡，種植了一棵樹，一方面渴望有根牢牢地種植著，另一方面卻又瘋狂地想要長，可以說，我們每個人的身體裡，都藏了兩個人，只看我們有沒有能力，爲這個雙重人格做好足夠的整合。

藏在我們身體裡的夢想和嚮往，就這樣一點一滴累積、增強，像黑夜裡的螢光，一亮、一閃，我們都不知道爲什麼會活成像現在這個樣子？但是，只要追溯到古老時代，我們就有機會，打開窗戶，看著那滿天夜空，那所有的螢火交映著天上的星光，交映著不斷累積出來的「文明最原始的樣子」，而後一點一滴，形成現在的我們。

當我們對字累積了足夠的感覺，跟著一個又一個字想像、理解，就會有足夠的感受力，進入進一步的「字的結晶」，那就是「詩」。

然後，同樣在發明字的這條河邊，《詩經》出現。這個漢字文明最初、最美的源頭，爲所有的人，唱出眞情的感嘆，建立絕美的典範，而後我們才有機會，融入這個數千年、數萬人共同擁有的深情世界。

3 整體的時空瞭望

從一條河、一座山的轉折開始，在小小的黃河邊，發生過不知道多少次的瘋狂戰爭。從最早的火神祝融和水神共工開始，共工怒撞不周山，天塌下來了，洪水氾濫，累得女媧不得不日以繼夜補天。還有啊，黃帝和蚩尤大戰於涿鹿，鬧到天昏地暗……

隨著版圖越來越大，戰爭越來越多，傳說當然也越來越多版本。直到周公制定規則禮節，人們才開始接受約束，一點一滴，把當時人類的影像、活動的遺跡記錄下來。可以說，漢字歷史的可信紀錄，大概都從周代開始。

殺戮與管理

在武王以前，殺戮前朝遺民是最自然的結果，這是功業的保證，同時也是活下去的必要。

周公跟武王做了文明史上最重大的轉彎。他們不再殺戮，讓商朝故民遷移到河南安陽，就是商朝的舊都「殷」，集中管理，然後再安排武王的弟弟管叔、蔡叔、霍叔就近監視。

不過，這個「監視」，就是動盪的起點。因為，附近小部落的首領們，常常鼓動商紂王的兒子武庚：「商是君，周是臣，做臣子的，怎麼可以逆反商帝，這樣的人生、這樣的歷史發展對嗎？」一面又不斷向管叔、蔡叔、霍叔蠱惑：「你們是武王的哥哥，難道就這樣安於被統治、管理嗎？」

管叔、蔡叔喜歡喝酒，總是喝到醉醺醺的，喝醉酒的時候，理性瓦解，清醒的意識迸裂出很多縫隙，什麼話都可能滲進去。最後，應該效忠周武王的這兩個弟弟，反而和武庚聯合起來叛反武王。周公親自率軍，萬里長征，平定「管蔡之亂」後，沿著黃河一路向東，整頓附近存在的七十幾個殷商部落，一路打到臨海，這是中國第一次出現「統一的政權」，遠達海灣。

那麼漫長一塊土地的統整，對這些習慣小小部落、簡單生活的人來說，實在是一件非常驚人的事情，人們開始建立起一種「大一統」的概念。周公深怕再有任何叛亂，訂定更多禮制、規範，把土地分成一小塊、一小塊，大肆分封家臣故舊，裂生出一百多個國家。

這些原來各自獨立的部落首領，都在小小的土地上矮化成諸侯，確立了「王」的絕對地位。

直到武王定都鎬京，成就一個壯大的關於「一個城市」、「一個國家」的可能與想像。其中，周公和弟弟守住最核心的王都；好不容易打到海邊的最遠邊界，交給聰明而忠誠的姜子牙，雙邊翼護著這個新興政權，希望這樣，周朝天下就可以永垂不朽。

詩是內心最想說出來的話

最聰明的姜子牙，封在「齊」，守護最遙遠、最管不到的東方海岸線；周公的封地在「周南」、他的弟弟召公封地在「召南」。

周南和召南就是整個《詩經》萌芽的舞臺。

我們來看《詩經》這個「詩」字，在「言」的基礎裡，藏著「寺」的聲音。「寺」這個字，最早最早的字，人們寫成「」，字的下半部是「手」；上半部是「之」，原始意思是腳印；手心裡捧著腳印，可見，每一步都要小心。

後來，文明發展開始建立起規範制度以後，「寺」這個字變成「」，上半部還是腳印；下半部的手上，已經多出一塊「官符」，這就是「公務人員的身分證」。

身爲「人民公僕」，大家必須更小心、周到才行，後來也慢慢延伸到所有修身持戒的人。

「詩」這個字的意義就在這裡，當我們觀看著自己的舉止言行，在應對進退間，有所感、有所思，這是我們內心最想說出來的話，而後才化成詩，那是我們最內在的情意和吶喊。

詩經舞臺

在進入《詩經》世界之前，要對文明初生的地理背景和歷史糾纏，多出一點點瞭解，我們才有能力，用「現在的知識」，去想像「古代的情意和吶喊」，也才有機會，用「整體」的概念，找出自己對於字、對於詩，對於所有生命困惑的「解釋」和「選擇」。

因爲，我們對生命的理解，都跟時間、空間的配置有關係。

所謂「宇宙」，「宇」就是四方上下，指的是空間；「宙」就是古往今來，指的是時間。如果我們不能對這樣的地理環境，先做整體的瞭解，對字的認識、文學的認識、文化與文明的認識，永遠都是破碎的。

從首陽山河曲處北岸向東，有「邶」、「鄘」、「衛」的殷商故居；周公的「周南」、召公的「召南」；緊貼雒邑王城「勤王」有功的「鄭」；再從中土延伸到邊陲，東方臨海的「齊」；南方的「楚」；西方的「秦」……。

繞著這些小小的封國，在一場又一場殺伐痛楚中，隨著不斷地掠奪、不斷地競爭、不斷地壯大，又渲染出一個渴望溫柔、重新把美麗帶出來的遙遠嚮往，這就是《詩經》，以及洋溢在「十五國風」背後負載著的時空重量。

4 關關雎鳩

想像著三千年前，人們才剛在適應、熟悉越來越多的「字圖」。「字」的運用，仍停留在「實用」的階段，爲了你聯絡我、我聯絡你，爲了把這裡的事、那裡的事，相互交換，所有文明的萌芽，還在摸索、學習。

直到有一天，天空好藍，雲好白，陽光暖暖的，風涼涼的，忽然，聽到小鳥的叫聲，行走中的我們，忍不住停下來，咦？世界上怎麼會有這麼好聽的聲音？隨著小鳥兒的聲音，仰頭，看見小鳥兒的羽翼，隨著飛翔的弧線，裝進四面延伸的一整片河，一整片草原、一大片天空，裝進「渴望共享」的熱情。

被「美麗」撞了一下

心就這樣多出空隙。彷彿有一些不是爲了實用目的的內在熱烈，需要傾吐；有一些對於幸福的理解和嚮往，需要記錄，而後才激撞出「詩」的美麗。

然後，我們擁有了漢字世界的第一首詩〈周南・關雎〉：

關關雎鳩，在河之洲；窈窕淑女，君子好逑。
參差荇菜，左右流之；窈窕淑女，寤寐求之。
求之不得，寤寐思服；悠哉悠哉，輾轉反側。
參差荇菜，左右采之；窈窕淑女，琴瑟友之。
參差荇菜，左右芼之；窈窕淑女，鐘鼓樂之。

仔細看看「逑」這個字，這是「形聲字」，一半形狀，一半聲音。「辶」部是它的意思，「求」是聲音，聲音裡同時也藏著意義的暗示。「辶」這個字的原意是「走走停停」，暗示著，這個字必須經過漫長的追逐；加上藏在聲音裡的「求」，又走又停又求，很容易就可以了解，「逑」的本意，就是在走走停停的追求之後最後的結果，意思就是「聚合」。

這種「聚合」的情意和力量，用來對照比喻人和人的關係，我們所能想像得到，最美好又長久的人際聚合，就是「先生和妻子」和「爸爸和媽媽」這種安定的關係，這是人們最溫暖的期盼，最願意走走停停一輩子追求的目標，所以，「逑」這個字，指的就是「配偶」。

回到這首詩，聽！「吱吱，關關」的鳥叫聲，看啊！這一對美麗的小鳥兒，配成一對，多合適！從一起飛翔著的小鳥兒，忍不住想起自己也期盼遇見一個很棒的伴侶，想要分享，想要跟他說所有的話，想要跟他一起做所有的事，這就是人跟人之間最美的聯結，也是生命聚合最美好的起點。

這就是這首詩最美的地方。全部事實只有一件，「在河之洲」，看到「關關雎鳩」。然而，在深情與想望中，「窈窕淑女」的存在，成爲生命的眞實，再也不是胡思亂想了，再也不是天馬行空了，再也不是孤孤單單了，因爲愛，我們擁有了一片土壤，把心種植在這裡，至於她對我們好不好，其實都不重要，我們只想要好好愛她。

思無邪，詩的起點

只是，世界上的愛情，哪有這麼容易？「參差荇菜」，表面上說的是水荇菜，實際上說的是我們所在意的那個人，我們所在意的感覺和關係，這一切都是不確定的，讓我們期待而又害怕。

幸福這樣美麗而脆弱，究竟，要如何去愛，才能愛得長久？

看看這河岸長滿的水荇菜，「左右流之」，完全不能掌握；「左右采之」，可以採它了；「左右芼之」，終於可以烹煮。這是生命圓熟的三個階段。其中，最動人的是「琴瑟友之」。琴跟瑟，絕對不是強的、重的、力量大的，它是柔的、軟的，以呼應對方、成全對方、觸動對方爲主，用「別人需要的方式」，而不是「自己想要的方式」來對待喜歡的人。

竭盡所能地去呼應對方，竭盡所能地去感覺對方，竭盡所能地去成全對方，沒有苛求、沒有強制，在大中至和的世界裡，只想著我們如何去配合別人，如何把最美好的地方都呈現出來；最後，才得有機會「鐘鼓樂之」，用最盛大的婚禮來表示最眞誠的珍惜。

這所有「珍惜對方」的過程，隨著越想越多、越想越清楚，時間拉得「悠哉悠哉」，顯得這麼長這麼久；「求之不得，寤寐思服」的過程，時空被放大了，思念，成爲一種蠱惑和折磨，然而，這一切都會値得，因爲「琴瑟友之、鐘鼓樂之」是我們設想的未來。

一個國家，一整個世代在充分的準備之後，讓我們覺得安全、安定，我們才有機會，被美麗撞擊。可以說，這第一首詩的形成，沒有憤怒、沒有任何負面的情緒，這就是孔子所說的「思無邪」，也是《詩經》最基礎的情感原點。

5 家裡面有個女人

根據原始初民對於字的理解，「家」這個字，就是屋頂「宀」底下，豢養著一隻豬，古人寫成「豕ㄕˇ」。因爲古代的人食物缺乏，生活裡充滿了各種不能預測的危機，一個家裡，有了「備用的食物」，好像每個人都可以永遠活在「不會再飢餓」的安全感裡，這就是「家」的意義，它讓我們在生、老、病、死的每一個階段，都能好好活著。

而這樣一個只提供食物的「家」，能夠擁有一個女人，「宀」這個屋頂下，裝進一個「女」字，就可以構成一個「安」字。

因爲「家」、因爲「女」，生活才多出安定、安全、安心的各種可能。我們透過《詩經》的視角，特別可以看見維繫一個「家」的「女性角色」，在其中藏著何等重要的多層次刻畫。

美麗的桃花

〈關雎〉這首詩，捕捉到游離的「愛的追尋」。到了〈桃夭〉這首詩，書寫著一個美麗的女子，如何安定地走進屋子裡，成全一個家：

桃之夭夭，灼灼其華。之子于歸，宜其室家。
桃之夭夭，有蕡其實。之子于歸，宜其家室。
桃之夭夭，其葉蓁蓁。之子于歸，宜其家人。

這首詩，先用感性、深情的手法，稱讚每一個女人就像桃花，看起來如此薄、嫩，卻又那麼熾熱強烈。「夭」這個字，把世界上所有太美的事物，美到我們無法承受，藏著一種鮮嫩到我們無法掌握的美麗，傳述得迷離動人。

隨即筆鋒一轉，切換成理性、實用的角度。「之子于歸，宜室宜家」，強調一個女子最美、最好的地方，就在於她能遺忘自己的美麗，放棄自己的驕縱、任性，願意奉獻出所有的生命光華，教養子女，和順家人，使得整個家族一直繁衍下去，一如一朵花，落下花瓣，相信自己最美麗的意義在於「結果」，甚至在結果以後，還能生生不息地成就綠葉。

辛勞的母親

因爲一個守在家裡的女人，延伸出「家」的意義與價值。

同樣談家裡面的這個讓人安心的女人，到了〈邶風．凱風〉，從年輕女子的美貌特寫，慢慢轉換鏡頭，開始萃取出撐持一個家、一個民族、一個國家不斷延續下去的女性力量：

凱風自南，吹彼棘心。棘心夭夭，母氏劬勞。
凱風自南，吹彼棘薪。母氏聖善，我無令人！

爰有寒泉，在浚之下。有子七人，母氏勞苦。
睍睆黃鳥，載好其音。有子七人，莫慰母心。

這首詩的地理條件，建立在「衛國」，黃河北岸，寒冷的時空。和輕薄、透明、璀璨華豔的「夭夭桃花」相較，「凱風」裡的青春華美都凋零了，只留下皺紋與衰老，卻又是遙遠北國賴爲存活下去的暖風，是理性的生活需要，也是非理性的希望寄託。

當我們觀注的焦點，深入到「爰有寒泉，在浚之下」，「浚」是衛國城市，靠著清涼的冷泉浸潤、孕養，豐厚著這個城市，詩人對「凱風」的溫暖深情和「寒泉」的嚴厲訓誨，賦予相反又相生的雙重感念，幾乎等同於母親勞苦的具體證據。

我們看著那嫩嫩的樹，雨一打，就歪下去，第二天還要認眞地撐起來。童年的我們，還不如一棵小樹苗的微弱力量，什麼都不能做，只能靠著母親護衛，母親拉拔我們長大的那些漫長教養過程，比小樹成長還要辛苦艱難。

不只是植物這樣，動物也一樣。嫩嫩的小黃鳥，有清脆、和順的聲音，把全世界的美好和大家分享，童年的我們，對社會的貢獻，好像什麼都沒有完成。跟母親的付出比起來，無論我們做了多少都不夠，「有子七人，莫慰母心」，傳遞了無限的惆悵和感恩。

《詩經》的詩，一首又一首確立出新的創作模式。這首詩，開啓「誰言寸草心，報得三春暉」這類「孝順詩」、「懷念詩」的源流。

後來，蘇東坡在讀陶淵明爲外公寫的《孟嘉傳》裡這一句：「凱風寒泉之思，實鍾厥心。」滿心生出來不及孝順的悲嘆感傷，自己也寫了「豈似凡人但慈母，能令孝子作忠臣。回首悲涼便陳跡，凱風吹盡棘成薪。」

文學的可能，就這樣開展，「詩」的傳統，一點一滴，慢慢成形。

6 唱給自己聽的歌

〈關雎〉開啓藉景憑物來抒情的詩傳統；〈桃夭〉對於美麗女子的設想與祝福，促成千古詠美人詩的文學典範；〈凱風〉是「孝順詩」、「懷念詩」的源流。

當我們看到這麼多的文學傳統，都從《詩經》開始時，其實不需要驚訝，因爲，在兩、三千年前，那正是整個漢字文化剛剛在摸索的起點，當然，所有的嘗試都可能變成「第一」。

老人和拐杖

〈衛風・考槃〉這首詩，塑造出自歌自舞自徘徊的隱者，這也成爲隱逸詩、老莊學派的先驅：

考槃在澗，碩人之寬。獨寐寤言，永矢弗諼。

考槃在阿，碩人之薖。獨寐寤歌，永矢弗過。

考槃在陸，碩人之軸。獨寐寤宿，永矢弗告。

隨著不同部落的成長、壯大，以及經濟發展在文明成形中的撞擊和修正，西周時期大一統的「國家」，看起來壯盛，其實體質脆弱，很快就面臨艱危的挑戰。

慢慢地，時代混亂，社會動盪不安，沒落的貴族失去穩固、安定的籌碼，而生命還在繼續，不得不藉由安貧樂道、自得其樂、與世隔離、笑傲山林……等迥異於太平盛世的生活模式，找到依存價值，在根本不知道該怎麼活下來的狀態，好好活下來。

我們來看「考」這個字，古時候的人這樣寫：「」，這是「形聲字」，從「老」部，瞧！像不像一個老人的滿臉皺紋？藏在「丂」的聲音裡，我們可以清楚聯想到老人拄著拐杖，「扣！扣！扣！」辛苦走動的樣

子。

「考」字的本意就是「年老」。老還要拿拐杖，可以說是「比老還要老」，人們就發明「富貴壽考」這個成語，來祝福人們可以幸福長壽。

早期寫出這個字的人們，因爲「滿臉皺紋的老人拄著拐杖」這個形象太鮮明了，加上對老人的尊敬，所以很少反抗老人的責打，慢慢地，「考」這個字裡的「拐杖」的形象被強化，這個字就被轉用成「敲打」的意思。

這種轉用，被當做一種新的造字方法，叫做「假借」。以後，「考」這個字就被假借成「敲」、「打」的意思。後來，越假借越遠，無論是對人或對物，我們常常這樣「扣！扣！扣！」地敲打、推究一番，也就多出了「拷打」、「考察」的假借意思。

所以，〈考槃〉這首詩的「考」就是敲，扣！扣！扣！敲一個盤子，與莊子「鼓盆而歌」的意思一模一樣，人到無所依恃的時候，反而看開了，越能夠無所在意、無所要求地瀟灑放歌。

不能說的祕密

考槃在澗，永矢弗諼。「澗」就是河水的曲流處；「矢」是立定志向；「諼」是忘，「弗諼」就是永遠都不會忘。這首詩，從河水的曲流處開始，這是生活最豐富的地方，即使離開了京城，離開繁華熱鬧，到了河澗，他仍然「碩人之寬」，即使一無所有，仍覺得世界很大，自己還可以住在一個很寬的地方，看山、看水，讓自己視爲一個容器，把天地都放進來，這個快樂，永遠都不會忘。

即使環境又更糟了，一直退到「阿」，也就是山轉彎的地方，住在草房，還是甘心，不需要誰來看我，我也不要去看人家。

直到「考槃在陸」，退到更高、更艱困的生活環境，離水源越來越遠，生活仍然像輪軸一樣，自給自足，永遠不會改變，永遠也不會告訴任何人，我在想什麼。因爲，就算我告訴你我在想什麼，你又怎麼能明白呢？

這樣的詩意，看起來悠遠，其實充滿亂世裡憤世嫉俗的情緒。

大部分的我們，對團體都有一些渴望，我們對「剩下自己一個人」，都有一點恐懼。那些說不出來的「永矢弗告」，對陶淵明而言，是他在寫出：「結廬在人境，而無車馬喧，問君何能爾？心遠地自偏。採菊東籬下，悠然見南山。山氣日夕佳，飛鳥相與還。」這首詩的最後，由衷的感嘆：「此中有眞意，欲辯已忘言」，我心裡有這麼多想說的話，可是，大部分的人都和我不太一樣，我想「說明」，在大家眼中卻都變成了「辯解」，這樣說下去，有什麼意思？有誰能夠了解？又何必要說呢？

到了張九齡的〈望月懷遠〉：「海上生明月，天涯共此時，情人怨遙月，竟夕起相思。滅燭憐光滿，披衣覺露滋。不堪盈手贈，還寢夢佳期。」當他覺得「海上生明月，天涯共此時」的時候，他有這麼多話這麼多話要說，但是，月亮從海面上蹦出來的那種美，心裡所牽纏的千萬種情意，他覺得根本不可能說得出來，「不堪盈手贈」，連用盡心意，雙手捧了出來，別人也不一定接收得到，還是回到房間，做一做夢吧！「還寢夢佳期」，說不定，自己還可以做一個好夢呢！

這些文學傳統裡，習慣因爲「無從說起」、只能「各自深藏」的詩，源頭就是〈考槃〉。這種「永遠不說」的內心衝突和轉折，會隨著時代，一次一次、一層一層地成熟。

慢慢地，我們就能領略到，一個人好好活下來，不是最好的選擇，但是又能怎麼樣呢？

每一個人只能在「此時此地」的情境裡，找出生命的力量。一如莊子，在沒有人可以說、沒有人可以往來的孤立困境中，找到「與天地萬物合一」的方法。

我們也用一首又一首唱給自己聽的歌，讓聲音隨著風、隨著月、隨著光影波痕，眞實地成爲天地間的一小部分，整合起無數的凌亂碎片和漫長的心靈折磨。

7 一定要再相見

西周王室東遷以後，時代崩亂，太多人覺得只要分離，大概就是永別了吧！所以，動不動就覺得「死生契闊」，好像每一次的分別就代表著生死永別，再也不能相見。只能無數次回顧「與子成說，與子偕老」，好像在離亂中，國家概念、文明累積，以及各自不同的生命嚮往，慢慢都模糊了，只剩下無數次約定，要「一起老去」。

想不到吧？這麼簡單的願望，居然成為亂世中最大的奢侈。

人們對於理想、對於夢、對於生命的盼望，標準都降低了，只剩下「活著」的信念，為遙不可及的相遇做準備。戰亂是煎熬的，勞累是煎熬的，思念是煎熬的，活下去是煎熬的，這所有的煎熬，都是為了能夠再見一面，即使我們對自己說了一百遍不可能再相見，但是潛意識裡，我們還是盼著一定要再相見。

好好活著

認眞看看「見」這個字，古人寫成「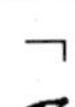」。一個人的五官都模糊了，只剩下大大的眼睛，張望著遙遠的等待，在艱困的磨難中，仍然不顧一切地痴痴等待。

苦守家園的〈王風·君子于役〉，精準地速寫出這種熱切而絕望的等待：

君子于役，不知其期。曷至哉？
雞棲于塒；日之夕矣，羊牛下來。
君子于役，如之何勿思？
君子于役，不日不月。曷其有佸？
雞棲于桀；日之夕矣，羊牛下括。

君子于役，苟無飢渴。

丈夫去打仗，不知道打多久了？不知道還要打多久？不知道他在哪裡？雞回來了，羊回來了，牛回來了，當這些動物都回來的瞬間，心卻分外惶然，不知道他什麼時候回來？無論日間勞動多麼辛苦，一靜下來，思念就會發酵、發芽。「日之夕矣」寫得極美，看著那大大的太陽，轉換過千百種顏色，忽然間，天就黑了，好像某個生命的片段被撕裂了，心也跟著下沉。怎麼天都黑了，羊、牛、雞都知道該回來了，可是等待的人還不回來。

第一段的收尾，就這麼「如之何勿思」一句話，把人困在深深的思念中，渴望藉著「不去思念」來解除痛苦，可是，怎麼可能不想念呢？要用什麼方法、又有什麼機會不去想念呢？這曲折無奈的「如之何」三個字，比起理性的「如何」兩個字，把淒切纏綿、千迴百折的心情，寫得更徹底。

到了第二段，隨著流光磨蝕，生活現實更加殘破。小雞已經沒有窩可以住了，一如人們的家園離散，連小小的可以擋風擋雨的依靠都崩散了，只剩下小木樁，只剩下最低的生存邊界。

同樣是思念的過程，開始降低標準。

既然你回不來，也就算了，所有因爲「如之何勿思」所帶來的痛苦，都沒關係，只希望所愛的人餓的時候，有人做一點飯給他吃，渴的時候，有人給他一點水喝。只要我們可以活下來，即便步步退讓，仍然有機會守護著一點點僅存的「苗」，關於情愛、記憶、希望，或者只是活下去……

每一天都相見

這樣的「苗」，讓有的人靠著堅強的意志力，活得安詳；也讓更多人變得極端，不是很冷酷，就是很熱烈。

亂世中的人們，總認爲一分離就不會再相見了吧？在心理上，非把握住一分一秒不可，這種情緒，讓所有的愛和恨都變得異常激烈。人們過著非常不安的生活，對於情感、對於相遇、對於生活，都有一種緊緊絕不放手的極端執著。

在《詩經》裡，很常出現「一日不見，如隔三秋」這些字句，因爲一天不相見，就忐忑不安，不知道下一分鐘的動亂又會發生什麼讓人絕望心碎的事。這樣的年代，這樣的痛楚焦慮，讓他們把情緒放大，才會有後來一大堆「相見時難別亦難」、「別時容易見時難」的形容字句。

讀這些詩，會讓人深深覺得，我們多麼幸運，每一天都可以相見。不過，我們也必須眞誠地檢討自己，對於所有愛我們，以及我們所愛的人，是不是愼重珍惜著「每一天都相見」的難得幸福，還是，我們常常「每一天相見都討厭」地揮霍著其實很快都會消失的幸福？

希望我們可以，認眞讓所有爲我們付出的人，感受到我們的心意。我們也可以在「承情」與「感恩」的溫柔循環裡，有機會付出，讓混亂的世界因爲我們，可以再好一點點。

卷四

我們一起來玩字：文字的力量

1. 對字，多一點感覺！
2. 對詩，多一點感覺！
3. 對生活，多一點感覺！

1 對字，多一點感覺！

認字，讀書，本來應該像談戀愛一樣，永遠充滿魅力，讓我們隨時隨地沉溺在「追尋」、「迷惑」和「思索」中，又快樂、又不安，孕蓄著無限可能。

只可惜，我們的讀書習慣，從遙遠的科舉時代開始，長期纏鬥在讀書、分數、一試定終生的驚疑懼怖，慢慢養成一些無趣又無效的「反抗模式」。我們以爲，考完試燒教科書；故意抹消學校經驗；以「成績」做談判交換……，這樣就會很快樂，沒想到，這種叛逆、反彈，讓我們從內心底層遺忘了讀書的快樂，很多人離開學校後，距離讀書、考試的歲月已經很遠了，看起來自由了，卻留下「碰到書就打瞌睡」的恐怖後遺症。

這是一件多麼可惜的事！因爲，認字、讀書，是我們所能擁有的最美麗的禮物。

對字有感覺，讓我們變自由；對語詞有感覺，讓我們變豐富。當我們不斷強調「對字，多一點感覺」時，並不是「硬性規定」大家得對著「字」凝視、發呆，而是要提醒大部分的人，重新認識字的美麗和力量。

喚醒感覺

感覺，本來就是一種「溫柔的渲染」，這是一種神奇的本能，讓我們可以在第一時間自然反應。彈鋼琴，開車，小心避開球、雜物、車子……，這是長期練習出來的直覺與敏感。

閱讀和創作也是這樣，對字，多一點感覺，我們就在本能的直覺與敏感中，擁有更多可能。

我們把「感」這個字，拆開來檢查一下。一開始，可以注意到其中有一個「戈」字，古人清楚地畫出尖銳的「」；接著會發現，在這個恐怖武器旁邊，只用一條直線「丨」，就可以表現出更強烈的殺傷力以及不得不注目的傷口「」，這就是古代的「戌」字，提醒我們，生命中所有的

起伏，都因爲有了缺口、有了渴望，有了期盼、落空和圓滿，才多出這麼多深厚眞切的感受；再從「戌」裡加上一個「口」字，成爲「咸」，好像我們說出來的任何一句話，任由別人註解，就會印下更深的痕跡；最後，看著這些遺痕，擱在心上，「咸」加上「心」，就是「感」。

瞧！一個簡單的「感」字，藏著這麼多心情的曲折，彷彿收藏著千萬種說不出來的人間起伏。

要深入「覺」這個字，我們先要認識「學」的古字「」。「子」藏在「冖」底下，好像看到一個天眞幼稚的孩子，被無限的渾沌蒙昧，當頭罩了下來，這時，放在「冖」上層的兩隻手，揭露著「學習」的本質，扎實而辛苦地用雙手，把無知、迷惑整理清楚，秩序地放進一個又一個格子，使一切變得簡單而清楚，這種學習過程，就好像現代人在處理電腦資料，「格式化」所有的混亂。

接下來，就可以清楚地理解「覺」這個字，在認眞地摸索、學習和整理之後，這個字最明顯的，就是把表示一種自然狀態的「子」，替換成主動積極、張大眼睛表現出力量的「見」。

善用「觀察力」，理解、分析，歸類；善用「想像力」，自由穿梭在無邊寬闊的異想世界，讓自己可以看見更精細的小地方，就可以讓感覺變得更豐富。

享受日常

我們讀過的每一個故事，我們看到的每一個字，以及我們經過學習和閱讀所經歷過的每一個轉折，都在提醒我們，這些字的形成、定形，並且讓我們認得，是一種「偶然的幸運」，但也是人們在追尋溝通交流與心智幸福的一種「必然的趨向」。

我們一定要學會釋放緊繃的學習心情，解開「標準答案」的綑綁，不再背誦強記，讓自己放鬆下來，在充滿縫隙的自由裡，猜測，想像，讓自己變自由、變快樂、變敏感，這樣，我們才能對「字」，多一點點感覺，也多一點點可能。

一旦我們養成「從文字延伸出感覺和詮釋」的習慣，更能體會到字的發明，原來就是爲了情意，無論是個人抒情、群體紀錄，或者是爲了和更多認識或不認識的人群相互溝通，陳述感覺也好，提出判斷也好，都因爲在字的聲音形色裡做更多停留，才烘焙出更美好的溫度。

我們跟著這些字的深情和趣味，搖搖曳曳，走進每一天、每一月、每一年都無從計量的美麗與歡愉，就可以鬆開現實綑縛，恍兮惚兮，隨著文字流域，漂流到幾千年前的文明初萌芽，感受到部落的衝突，生死的拔河，分享的喜悅，文明的曙光，以及有趣又有意思的現代生活……，眞切捕捉到每一個偶然，都通往美麗深邃的「心情冒險」。

尤其，當車子流動在倉促消失的街景，每一個瞬間閃過的招牌看板，都成爲我們拼組想像的無限可能。「信義房屋」，聽起來靠信義做基礎，就可以和自己的家天長地久；「甘泉魚麵」，彷彿有魚，從清甜的水面探出頭來；「威凱水公司」，又「威」又「凱」，聽起來隨時就要發威、氾濫，向人類宣告凱旋；有時候，看著「幸福人壽」的大型看板迎面撲來，英文譯名「Sing for Life」，純粹地界定幸福就是「Sing for」，有一件不期而遇的小事，值得我們唱歌，像美麗的訪客忽然來敲門，眞高興我們還有機會，聽幸福在敲敲門。

當我們隨時隨地可以因爲一、兩個字而感動，就會特別謝謝這些字，穿走過漫長的晦暗遠古，爲我們帶來文明的光，寫字、看書、收信、讀招牌……，這每一天的幸福，原來都不是理所當然，而是一份最値得珍惜的禮物和祝福。

2 對詩，多一點感覺！

因爲字的發明，我們和世界形成了更豐富、更寬闊的聯繫，彷彿成長的可能，以一種無限發展的「演繹式」規則在自由延伸。

我們擁有的越來越多，相對地，我們的感覺和體會，其實也在不斷稀釋中，慢慢鬆脫，慢慢變得疲倦而無趣。這時，我們更需要，對字，多一點感覺！

停留在一個字又一個字，讓感覺自由聯想。比如說，看到「青」，感受到清脆輕爽；看到「春」，彷彿從溫酥的日陽裡，感受到茂盛的青青綠意在盎然茁長；「日」這個字比較胖、「月」顯得瘦一點；「哭」和「笑」像兩張臉譜，「哭」的淚點掉下來了，「笑」連眼睛都跟著瞇起來。

當現代生活越來越快、越來越忙，每一天都重複在讀書、考試，上班、下班，大家都過得差不多時，對於字的感覺，跟著也稀薄了。有一個最簡單、也是最有效的「感覺捕捉」訓練，就是讀詩，詩是字的靈魂，高密度的文字壓縮，也是掏挖「字感」和「語感」的無限寶藏。

語感的深池

如果我們可以一起讀詩，一起分享感覺，一起交換意見，這樣，就可以深化語感，學習更多一點點情緒的捕捉與渲染。

從一個字、一個字的停留與想像中，觸及釋放感覺的「創意關鍵」，就像武俠小說形容的「打通任督二脈」一樣，跟著既有的文明基礎，循著想像，還原到最早、最早的「很久很久以前」，想像著在字的發明以前，在文明成形以前，想像著原始初民對所有生命的來源，爲什麼總是這樣充滿好奇？只有充分理解這些背景，我們才能精準而從容地，打開文字成形、文明初生的年代，回到一個傳說與現實交錯，生活的衝突和心情的掙扎，一路在展開和重組的文字舞臺。

每一首詩，都像一汪「語感的深池」，只要我們伸手一撈，這些隱性、遙遠、純粹訴諸感覺的每一個字，都滴著晶瑩的波光，喚醒潛藏在身體裡的文字韻律，讓我們回想起在成長歷程中，每一個以爲早已遺忘，而其實搖盪在記憶裡迴旋不去的瞬間。

把「詩」當做了解「字」的最主要媒介，看起來，讓生活沾了些幽靜的古典顏色，其實，更凸顯出詩的現代感，因爲詩就是歌，是每一個時代最受歡迎的流行歌，只因爲時間隔閡，音樂流失了，剩下一篇又一篇單獨的歌詞。

他們雖然風格、情調不太相似，卻都表現出集體的生活記憶和個人的憂歡感觸。比如說，很久以前的人唱「兒歌」，歌詞都很可愛，他們的生活很簡單，唱歌是一種「生活百科全書」般的感覺探索，像「淅瀝淅瀝，嘩啦嘩啦，雨下來了」、「大象，大象，你的鼻子怎麼這麼長？」。

後來更先進了，我們開始看卡通影片，熱鬧鮮豔的故事，搭配一首很有特色的「主題歌」，就可以讓主角變得更生動、更了不起。像「飛呀，飛呀！小飛俠，在那天空邊緣不停的飛翔」、「有一個女孩叫甜甜，從小生長在孤兒院」……，這些輕快飛揚的「新兒歌」，帶給我們很多快樂。

到了更接近我們的現代，「新兒歌」變舊了，還有「新新兒歌」、「超新兒歌」、「最新兒歌」不斷被創造出來。唱唱跳跳，加上各種手勢和動作，讓唱歌變成舞蹈、變成遊戲、變成流行，我們學會了一首又一首新歌，每一首歌，都讓我們覺得，自己和以前的人不一樣。

這就是「詩」的意義。每一首詩，和每一首歌一樣，刻印著遙遠的記憶，記錄著「我們和別人不一樣」的痕跡。

美麗的詩

時代，就這樣印下不同的軌跡，不斷往前滾去。

如果能夠「對詩，多一點感覺」，我們就有機會，和古代的人一樣，對字，帶著豐富的想像和湧動的深情。比如說，在讀《詩經》〈衛風・考槃〉時，光是要猜出「考槃在澗；考槃在阿；考槃在陸」的背景在哪裡，我們就可以藉由一遍又一遍的朗讀和想像，認真拆解每一個字。

有人發現：「陸」有兩個「土」，應該是離水最遠的地方；「澗」有水部，應該是在水的旁邊；「阿」這個字啊，在朗讀時，我們都讀成古音「ㄜ」，有的人啊，想像著車子走山路時會一直繞、一直繞，到最後暈車想吐，還會做出嘔吐的樣子，「ㄜ！」一聲吐出來，所以囉，「阿」本來的意思就是「山路轉彎的地方」，聽起來很有道理吧？

還有呢！大詩人李白有一首〈菩薩蠻〉：

平林漠漠煙如織，寒山一帶傷心碧。暝色入高樓，有人樓上愁。

玉階空佇立，宿鳥歸飛急。何處是歸程？長亭連短亭。

遠遠的森林，有雨、有霧，濛濛地交織在一起，好像和站在高樓上的人一樣，有流不完的眼淚、想不完的傷心事，這樣站著發呆，從白天到晚上，看著一個接一個送別的小亭子，回想著自己也曾在這樣的小亭子，和家人朋友相約，很快就會回來！現在，連小鳥兒都回家了，自己呢？究竟回不回得了家呢？

這首詩，是不是一首很傷心的詩呢？我們是不是很容易可以體會到這種難過和傷心？還是，我們也可以放開標準答案，多一點想像，多一點胡思亂想，這樣讀詩，又會變成什麼樣子呢？

有人說，「平林漠漠煙如織」，就是在煙很多、什麼都看不清楚的沙漠裡跌倒了，忍不住傷心地哭起來；就算被人救到「高樓」裡，還是很憂愁，「宿鳥歸飛急」啊，讓人只覺得小鳥兒都回家了，我們還一直在問：「何處是歸程」，什麼時候才能回家呢？

在沙漠裡跌倒後，只想要快點回家！這是一種意見，還有呢？如果我們再提出更多一點「線索」，像名偵探一樣，依照著越來越多的暗示，進入詩的世界，是不是還可以出現更多可能？這算不算一種特別有趣的「破案讀詩法」？

想一想，這首詩的背景，如果不是在沙漠，樹林平平的、平平的長出去，長到很遠很遠的地方，這會是在哪裡呢？森林嗎？什麼時候森林裡到處都是煙呢？會不會是因爲火災？火災時，煙多嗎？還有什麼時候，森林裡會到處都是煙呢？是因爲起霧了嗎？霧來的時候，煙多不多？隨著這些線索，我們是不是可以編織出「霧」的美麗形色？

如果有機會，可以這樣搖搖曳曳，走進詩，走進每一年、每一月、每一天、每個瞬間都可以突發奇想的「詩情世界」，我們的生活，不就變得更有趣了嗎？

3 對生活，多一點感覺！

翻讀這本書時，我們要相信，「對字，多一點感覺！」不只是一本書的名字，更是一種生活態度，讓我們找到機會，翻新自己對生活的領略，在小地方發現微光。

從名字開始

我們每一個人，無論喜歡或不喜歡，對自己的名字，總是會黏附著比任何一個字還要繁複一點的感覺，每一個人，對自己的名字，放進越多感覺與了解，就越能對自己生存的意義與價值，找到自信和力量。

從名字開始，常常是「對字，多一點感覺」的起點。

很喜歡和每一個人一起分享著對名字的感覺和聯想。「李白」的名字透明清靈，「杜甫」的名字充滿規則和秩序；「陳世美」這名字看起來很帥，「包青天」聽起來就不好惹，「秦香蓮」只讓人覺得又小又可憐；「紅拂」、「武則天」這些名字，具有無邊擴張的延伸力量，「趙飛燕」和「李清照」的名字卻縮得小小的、透明的，彷彿可以放進掌心裡。

到了現代，當我們一起迎接一個「全民英檢」的全球化社會時，我們開始會替自己取一個聽起來和中文名字有點相像的英文名字。這時我們就會發現，很多譯名，呈現出特別有趣的文字情韻。比如說，中文名字叫「立安」，可以叫做「Lillian」；這個英文名字，如果譯成「莉莉安」，就會多出一些溫柔、調皮的味道。

同樣地，如果我們班上，轉來一位外國同學，英文名字叫做「Rachel」，當老師把這個英文名字翻成中文，寫在作業簿上時，就會因應不同的「字感」，表現出不同的個性。如果叫做「瑞秋」，是不是很親切？換成「蕾萩」，就顯得嫵媚柔軟；如果叫成「雷丘」呢？應該是一個勇敢、積極，很有力量的人吧？還有人會把這個名字，翻譯成「瑞吉兒」，聽起來像不像一隻甜蜜的小寵物？

還有一個叫做「蔓翎」的小朋友，這個名字很古典、很雅致，堅韌的藤蔓垂條，做成羽箭，然後就可以飛到遠方，觸及夢想，她卻選了一個充滿對照趣味的英文名字。試著再念一遍，蔓翎，猜到了嗎？她的英文名字，就叫做「Money」。

很有趣吧？對字多一點感覺的人，在字的世界裡，總可以多一點玩興。

讓生活變有趣

還有一件有趣的「文字遊戲」，可以把小小的名字和大大的世界聯繫起來。

當大夥一起出去玩，關在車子上通過長長的公路，像每一部「公路電影」，每個人都會用自己的特有方式，展開各自的人生追尋。很多人會玩成語接龍、講笑話，我特別喜歡在經過不同的土地時，把朋友們的名字，拿來做「行業識別」。

比如說，在村野間流動時，「碧春茶莊」，收納最新鮮、最不造假的茶；「竹君藝術村」，提供竹工藝的各種巧手異想；「雯婷彩庄」，好像有一大片花田，交錯著水分、顏色和芬芳，讓我們停留下來，健康、積極地洋溢出飽滿的生命力。

當然也有充滿都市節奏的聯想。「羽豔宅配」，永遠又快速又新鮮地提供飛速服務；「書瑋K書中心」，徹底地明示加暗示，書中自有黃金屋、顏如玉；「淑君西服」，量身定做溫雅君子；「依雯舞衣」，一襲又輕又軟的七彩舞衣，代表一個又一個夢想，以及越來越多元的生活選擇；「淑儀新娘學苑」，提供各種專業訓練，表現叛反現代、重歸古典的溫婉賢淑；結合時代感的「賜珍蜜蠟天珠」，真有點「偶開天眼覷紅塵」的禪機。

這些「小小的快樂」，不斷重組我們的人生，像潤滑油，讓我們突破現實限制，享有「每一天都新鮮」的驚喜，然後，透過「對話」和「討論」，從「名字」、「店招」、「廣告」、「電影片名」、「歌詞」、「火星文」的變化……，檢視在生活中我們所能發現的各種各樣關於字的變化。

更多的可能

我們也可以透過關於字的遠古神話欣賞，讓我們深深珍惜，所有看起來理所當然的幸福背後，都是艱難的跋涉累積。想像著遠古時期的燧人氏、伏羲氏、神農氏、倉頡……，這些奠定漢字基模的部落領袖，如果到了非洲，到了美洲，到了北極、赤道，又將發生什麼樣的文化撞擊呢？想像紙灰蝴蝶，如果沒有飛到倉頡身前，可能飛到哪裡去了呢？想像著這些、那些，這所有存在於我們生活中的每一個字，如果他們有生命、會思考，世界又將如何？

有時候，我們也可以善用字做「想像遊戲」，圈選出特定題目，像「字的故事」、「最特別的字」、「最會說話的字」、「最像圖畫的字」、「最重要的一個字」、「發明一個字」……，再試著畫出「字圖」，和好朋友交換一些自己的想法，或者是寫一篇作文，和大家分享「和字做朋友」的各種樂趣。

透過這些千奇百怪的「觀察」和「想像」，停留在一個又一個字裡，讓我們在平凡的生活中，激撞出新鮮的創意和熱情。比如說，「問」這個字很吵，常常張大嘴巴敲著門喊：「到底是什麼意思？」「串」這個字最像圖畫，有一根大大粗粗的棍子，把我們剛烤好的兩塊大肉片串起來了；「田」是一個有四格抽屜的書櫃，卻喜歡打開四張嘴巴，吵個不停，直到夢到自己被丟到垃圾場，還被削成小碎屑，才決心改過，成爲櫃子世界的模範生。

只要我們多出一點點感覺，字典裡的每一個字，都變成我們的「想像玩具」了。

當然，比領略每一個字還要更美麗的經驗是，認眞讀詩。無論是背詩，分享和詩相關的任何小小的感覺，比較每個人在不同的詩裡創造出來的不同差異，這些「和日常不太一樣」的小小火花，都為枯澀的現實生活，妝點出我們原來想像不到的精緻和感動。

生活中，還有更多更多可能。只要能夠，對「字」多一點感覺，我們都將活得豐富而有滋味。

九歌小教室 04

對字,多一點感覺!

著者　黃秋芳
責任編輯　鍾欣純
發行人　蔡文甫
出版發行　九歌出版社有限公司
臺北市105八德路3段12巷57弄40號
電話/02-25776564・傳真/02-25789205
郵政劃撥/0112295-1
九歌文學網　www.chiuko.com.tw
印刷　晨捷印製股份有限公司
法律顧問　龍躍天律師・蕭雄淋律師・董安丹律師
初版　2011年9月
初版2印　2016年9月
定價　240元

書號　0176404
ISBN　978-957-444-782-4
(缺頁、破損或裝訂錯誤,請寄回本公司更換)

國家圖書館出版品預行編目資料

對字，多一點感覺！/ 黃秋芳著. – 初版. --
臺北市：九歌, 民100.09
面； 公分. -- (九歌小教室 ; 4)

ISBN 978-957-444-782-4(平裝)

1.漢語教學　2.中國文字　3.小學教學

523.311　　100014133